I0757690

# PERDÓN POR TODO, MALVADO HOMBRE BLANCO

J. Carlos Camelo da Costa

2018

# IT'S OK TO BE WHITE

Autor: J. Carlos Camelo da Costa

Título: Perdón por todo, malvado hombre blanco

ISBN: 9781729257593

Justificante del Asiento Registral

de la Propiedad intelectual: 9900360040724

Editado: 2018



Printed in Spain - Impreso en España

Este libro os lo quiero dedicar a vosotros,
a la gran familia de Inconformistas que lleváis años
siguiéndome.

# CONSTITUCIÓN ESPAÑOLA

**Título I "De los derechos y deberes fundamentales"**
**Capítulo 2 "de los derechos y libertades"**
**Art. 16.1** Se garantiza la libertad ideológica, religiosa y de culto de los individuos y las comunidades sin más limitación, en sus manifestaciones, que la necesaria para el mantenimiento del orden público protegido por la ley.

**Art. 16.2** Nadie podrá ser obligado a declarar sobre su ideología, religión o creencias.

**Art. 20.1.a** Se reconoce y protegen los derechos: A expresar y difundir libremente los pensamientos, ideas y opiniones mediante la palabra, el escrito o cualquier otro medio de reproducción.

# CONSTITUCIÓN EUROPEA

**Art. 2.71. Título II sobre libertades.**

**1.** Toda persona tiene derecho a la libertad de expresión. Este derecho comprende la libertad de opinión y la libertad de recibir o comunicar informaciones o ideas sin que pueda haber injerencias de autoridades públicas y sin consideración de fronteras.

**2.** Se respetan la libertad de los medios de comunicación y su pluralismo.

"Ni los buenos son tan buenos,

Ni los malos somos tan malos".

# **ATENCIÓN:**

Antes de leer la siguiente obra titulada *Perdón por todo, malvado hombre blanco*; le conviene saber que:

- Se trata de un ensayo político para mayores de 16 años.
- El autor y los editores del mismo condenan cualquier actuación negativa en la cual se utilice el nombre de esta obra.
- El autor y los editores del mismo condenan cualquier tipo de agresión o discriminación hacia algún colectivo por cuestiones de raza, sexo, ideología o credo.
- El autor y los editores del mismo afirman que defender a su raza no significa odiar o discriminar a las demás.
- El autor y los editores del mismo condenan las persecuciones que se han sucedido en el pasado y que han sido motivadas por cuestiones raciales, ideológicas o de creencias (Holomodor ucraniano, Genocidio armenio, Holocausto judío, comunismo, exterminio de la población blanca africana...).
- El autor y los editores del mismo defienden la libertad religiosa.
- El autor y los editores del mismo defienden que cada pueblo tiene derecho a decidir sobre su futuro.
- El autor y los editores del mismo creen en un verdadero estado democrático que de voz a las minorías con una representación justa; basada en cada voto y no en cuotas.
- El autor y los editores del mismo defienden la libertad de expresión y de conciencia.

- El autor y los editores del mismo condenan la represión civil, militar, judicial y social por cuestiones ideológicas, religiosas o étnicas.

- El autor y los editores del mismo se amparan en la Constitución Española (art. 16.1, 16.2 y 20.1.A) y en la Constitución Europea (art. 2.71. TITULO 2) para ejercer su derecho a expresarse en libertad.

# "PERDÓN POR TODO, MALVADO HOMBRE BLANCO"

# PRÓLOGO

Nuestros fieros enemigos nos han definido como un pueblo genocida, opresor, egoísta, enfermo, explotador, materialista... La falta de amor propio y el lavado cerebral al que nos han sometido durante décadas, bombardeándonos constantemente con *"Fake News"* desde los medios de desinformación masiva; han logrado que claudiquemos de forma humillante, ante quienes nos insultan. Hemos llegado a creer que somos aquello que nos dicen que somos, aunque la realidad lo desmienta. Nos pintan como lobos hambrientos, cuando no pasamos de ser un rebaño de ovejas asustadas. Nos acusan de imperialistas, cuando ellos son los que invaden nuestra tierra. Se victimizan diciendo que son los conquistados, en lugar de admitir que ellos también fueron conquistadores.

Esta agresiva y difamatoria campaña me ha llevado a preguntarme lo siguiente:

*¿Los blancos somos culpables de ser blancos?*

Meditadlo bien, no os precipitéis. Hay gente que afirmará que *"sí"*. Otros, en cambio, dejarán entrever que *"algo habremos hecho"* para que algunos piensen de ese modo. Los menos, ya que somos minoría, argumentaremos que *"pensar de esa forma tan rastrera es propio de racistas"*. Sí, aunque os sorprenda leerlo, he de informaros de que el *"Racismo Anti-Blanco"* sí existe y está más en boga que nunca.

La *"culpa blanca"* nos mantiene cautivos y desarmados. Las otras razas lo saben y abusan de esta nociva situación. Su exacerbado revanchismo étnico los empuja a mirarnos por encima del hombro. Los pueblos no blancos se sienten legitimados a hacerlo. Total, ¿acaso no tienen derecho a ello? Nos tratan como a residuos humanos, sin llegar a sentirse culpables por sus viles acciones. Es la forma que tienen de resarcirse por crímenes que nunca sufrieron y que nosotros nunca cometimos. El malvado hombre blanco es el chivo expiatorio de todas sus frustraciones, el hombre de paja que carga con la culpa de sus fracasos.

Aquellos que nos criminalizan por nuestro color de piel predican, constantemente, que nuestra realidad étnica es dañina. No les hacen falta argumentos ni tampoco pruebas. Ellos saben que es mentira y, aun así, siguen bramando que:

*"El malvado hombre blanco es un peligro para las demás razas".*

Las otras razas no tienen inconvenientes ni tampoco escrúpulos a la hora de estigmatizarnos. Es más, suelen apoyarse mutuamente cuando emprenden su yihad racial contra su atávico enemigo: *"el blanco".* Aunque entre ellos lleguen a existir grandes diferencias sociales, políticas, económicas, religiosas o étnicas; a la hora de la verdad, no dudarán en unirse para combatirnos mejor. Somos nosotros contra el mundo y, cuando antes os deis cuenta, más probabilidades tendréis y tendremos de sobrevivir a la Rahowa que se avecina.

Cada nueva generación de malvados hombres blancos que viene al mundo, parece ser más cobarde y pusilánime que la anterior. Debemos ser sinceros con nosotros mismos, las cosas no van bien. Hay que hablar claro, llamando al pan, pan y al vino, vino. No es que nuestros enemigos sean invencibles. Lo que ocurre, es que nuestra gente parece incapaz de convertirse en la horma de su zapato.

El desprecio hacia todo lo blanco se refuerza con mantras del tipo:

*"Los blancos son racistas", "los blancos son genocidas", "los blancos inventaron la esclavitud", "los blancos nos robaron el oro", "los blancos se apropian de nuestra cultura porque ellos no tienen", "los blancos son peores en el sexo", "los blancos son machistas", "los blancos son malos en el deporte", "los blancos no tienen ritmo", "los blancos roban los recursos del planeta", "los blancos son los culpables de la contaminación", "los blancos nos envenenan con los cigarrillos mentolados", "los blancos nos matan"...*

Nuestros enemigos reciben, con los brazos abiertos, estas dosis de demagogia criminalizadora. No se plantean si, en verdad, es cierto aquello que barruntan. Tan solo quieren vomitar su odio racial. Es un discurso muy peligroso el que pregonan los peones del Nuevo Orden Mundial. Resulta preocupante que digan este tipo de cosas, pero también que las piensen y sientan realmente. Todas y cada una de estas biliosas consignas prejuiciosas, vienen cargadas de una letal dosis de racismo anti-blanco.

La desaparición de nuestra raza dependerá de cómo obremos. Frente al genocidio étnico que estamos sufriendo, no podemos quedarnos callados. Va siendo hora de dejar de ser chivos expiatorios. Nosotros no tenemos la culpa de nada. Si por alzar la voz dejamos de ser democráticos y progresistas, bienvenido sea. No vamos a esperar, en total calma, nuestro turno en el matadero multiétnico que es Europa. Es hora de revelarse, es tiempo de luchar.

Como bien dijo George Orwell:

*"En un tiempo de engaño universal, decir la verdad es un acto revolucionario".*

Pues eso, seamos revolucionarios. Los blancos somos inocentes y lo vamos a demostrar.

# APROPIACIÓN CULTURAL

¿Qué es eso de la apropiación cultural? ¿Por qué se habla tanto de ella en el mundo occidental? ¿Tenemos los blancos alguna culpa? Pasemos a ocuparnos de este peliagudo asunto.

Si nos dieran un euro cada vez que los *"Social Justice Warriors"* (*Guerreros de la Justicia Social*) nos culpan de algo, solo por ser blancos, la mayoría de nosotros ya seríamos millonarios. No estoy exagerando, si acaso lo pensáis. A quién de nosotros no le han llamado: racista, opresor, genocida, colonizador o destructor de culturas. A ver, que levante la mano. ¿Nadie? ¿Por qué creéis que es? Pues por vuestro color de piel, que es el mío. El cual, por si no lo sabéis, nos convierte en el blanco de todas las críticas y odios.

La teoría de la apropiación cultural es, simple y llanamente, otro comodín que utilizan los progres para salirse con la suya. Los voceros del marxismo cultural saben cómo sacar provecho de fomentar la culpabilidad étnica de, y entre, los blancos. Multitud de ideas erróneas son implantadas, a fuerza de repetición, para impedir que cada uno de nosotros podamos vivir en libertad. Cómo vamos a hacerlo, si no dejan de señalarnos.

Desconectar, también sería considerado un *"acto de racismo"*. ¿Por qué? Por estar ignorando a las mal llamadas *"minorías"*. Preocuparse o ponerse en la piel del otro, sería igual de malo. ¿Adivináis el motivo? Yo os lo digo:

*"Porque vosotros, blanquitos, estaríais apropiándoos del sufrimiento y lucha de las minorías"*.

¿Lo comprendéis? Yo tampoco.

Nunca lograré comprender qué lleva a cierto tipo de personas, normalmente ligadas a los movimientos de izquierdas, a enarbolar el victimismo perpetuo por bandera. No se cansan de acusar a un grupo racial en concreto, el de los malvados hombres blancos, de ser el causante de todos sus males. Aunque nunca hayan compartido su espacio vital con nosotros, siempre encontrarán alguna manera de justificar su paranoia racista. No nos engañemos, esta táctica es más vieja que el propio tiempo. Siempre han existido chivos expiatorios o cabezas de turco a los que señalar cuando las cosas van mal. Es más fácil criminalizar al contrario, que hacer examen de conciencia.

Veamos si os suenan alguna de estas excusas o generalizaciones:

- *"Los blancos son unos racistas. Nos explotan laboralmente y se apropian de nuestros recursos"*.
- *"Los católicos son homofóbicos intransigentes. Su fanatismo religioso los lleva a no tolerar mi intolerancia religiosa"*.
- *"Si eres patriota, eres facha. Amar tu tierra es de fascistas"*.
- *"¿Quieres preservar tu raza siendo blanco? Eres un nazi, quieres volver a repetir otro Holocausto"*.

Las habéis escuchado alguna vez, ¿verdad? No me extraña, ya que los *"progres"* (*SJW*) suenan como un disco rayado. Para aquellos que todavía no lo sepáis, el mantra de la apropiación cultural se resume en lo siguiente:

*"Cultura dominante (siempre blanca) que toma elementos culturales de un grupo marginado (seudo minorías)".*

Fin, ya está. Lo que en otros tiempos hubiese sido un mero intercambio cultural, hoy en día, se lo considera un atroz acto de espolio colonizador. Que la apropiación cultural se haya tomado tan enserio en Occidente, es algo muy dañino. Un tema tan irreal y sin ninguna base argumental sólida, ha sido elevado a problema mundial por los mismos de siempre. A los malvados hombres blancos ya no tratan de vendernos que: *"debemos comprender y respetar a las demás culturas y pueblos (multiculturalismo)".* Ahora se nos descarta automáticamente, bajo el estigma de que: *"tan solo buscamos apropiarnos de algo que no es racialmente nuestro"*; cuando tratamos de acercarnos más a los individuos de otros pueblos o razas.

La libertad de expresión está siendo acorralada, en pro de la falsa convivencia progresista. Desde celebridades, pasando por diseñadores de moda, hasta llegar a la gente normal y corriente; todos temen ofender al gran ejército inquisidor de los Guerreros de la Justicia Social (*SJW*). Nuestros *"acusadores"* no están dispuestos a escuchar o a entender los motivos del otro. La única palabra que cuenta es la suya y ellos ya nos han condenado de antemano. Lo sé, porque cuando trato de explicar el absurdo que supone eso de la apropiación cultural a alguien de izquierdas; casi siempre, suelen ignorar mis argumentos. Les basta con etiquetarme de: *"Malvado Hombre Blanco"*. Ahí es cuando termina la conversación. ¿Os ha pasado a vosotros lo mismo? Seguro que sí, ¿cierto?

Cosas tan absurdas como usar un peinado diferente y poco higiénico, tal y como pueden ser las rastas, lleva a que te puedan acusar de: "*Apropiarte de la imagen de ciertas culturas nativas*". Pero también puede suceder lo opuesto. Si rechazas llevar un corte o peinado étnico, también te acusarán de: "*Ser un supremacista odiador que rechaza el mestizaje*". Eso sí, esto solo sucede si eres blanco. Cuando hablamos de apropiación cultural nunca hay bidireccionalidad, recordadlo. Resumiendo. Para evitar la apropiación cultural, siempre y cuando seas un malvado hombre blanco, nos recomiendan no utilizar aquello que nos es ajeno. Pero, a su vez, si los blancos deseamos mantenernos dentro de nuestra propia cultura; se nos estigmatizará públicamente por ser: "*Segregacionistas*". Pensad en el despropósito que esto supone.

Internet, sobre todo las redes sociales tipo Instagram o Twitter, es el campo de batalla en el que más ferozmente se lucha contra la supuesta apropiación cultural. Imágenes de chicas blancas con trenzas (*boxer braids*) o con el pelo afro generan más polémica que, por ejemplo, las loas a dictadores y genocidas comunistas. Los Guerreros Cibernéticos de la Justicia Social suelen argumentar en sus mensajes, ojo a lo que voy a decir, que:

"*Las trenzas/rastas son un peinado negro*".

Nunca la ignorancia había sido tan aplaudida, como cuando se juega la carta del victimismo racial. Da igual que los hechos o la historia misma desmonten su endeble argumentación. Que germánicos (*visigodos, alanos, suevos…*), celtas o romanos recogieran sus cabelleras con trenzas; es obviado por los voceros de la apropiación cultural. También parecen olvidar que hace más de 4.000 años, en el lejano territorio de

*Xīnjiāng (China)*, los rubios caucásicos que habitaban el ardiente desierto de Taklamakan, también gustaban de llevar este tipo de moda capilar. Pondré un ejemplo específico sobre esto. En la momia de la llamada *"Bella de Loulan"*, conservada casi en perfecto estado gracias a la salinidad del suelo en el que fue enterrada; pueden verse dos estéticas trenzas doradas. Aunque, bueno, según los defensores del mantra de la apropiación cultural:

*"Los blancos no pueden llevar trenzas/rastas, porque éstas son parte de la cultura ancestral de los negros".*

Los Guerreros de la Justicia Social deberían saber que las rastas, también han sido un elemento básico de la moda más underground (*Hip-Hop, Rap, Reggae…*); lo cual podíamos ver en canales musicales como MTV. Quién no recuerda el popular videoclip *"Freestyler"*, de los finlandeses Bomfunk MCs. Por si no os suenan, Bomfunk MCs es un grupo de electro hip-hop que se fundó en 1997. Os diré que ninguno de sus más insignes integrantes: BOW (*Raymond Ebanks*) y DJ Gismo (*Ismo Lappalainen*), era negro. ¿Por qué hago mención a su *"no origen racial"*? Ahora lo comprenderéis.

El videoclip de *"Freestyler"* estaba protagonizado por el *"disc jockey"* Marlo Snellman, un joven blanco que lucía unas llamativas rastas de color gris blanquecino. Nadie se ofendió por ello, tampoco acusaron a Bomfunk de la dichosa apropiación cultural. Es más, muchos jóvenes underground de aquella época trataron de imitar aquel peinado (*con mayor o menor fortuna*).

Tampoco causaron polémica alguna en su día, debido a su atrevida elección capilar, los siguientes músicos. Tenemos a Jonathan Davis, el vocalista del exitoso grupo de *"nu metal"* Korn. Otro de los miembros del grupo Korn, el bajista Reginald Arvizu, solía intercambiar trenzas y rastas muy a menudo. James *"Munky"* Shaffer, guitarra en Korn, llevaba el mismo look que sus compañeros. Lo mismo ocurre con Brian Welch, fundador de Korn y también guitarra. Qué lejano queda ya aquel año 1994, fecha en la que Korn debutó con su primer álbum de estudio. El marxismo cultural todavía estaba empezando a gatear. Por eso, los inquisidores de la moral pública nunca los pusieron en la picota. De haberse fundado en plena eclosión *"milenial"*, habrían sido etiquetados de: *"Blancos que practican la apropiación cultural"*.

Y puestos a *"charrar"* de gente irreverente, aplaudida en su día por oponerse al sistema capitalista occidental, aquí os traigo otro ejemplo. Jonh Lydon, controvertido vocalista del grupo punk *"Sex Pistols"*, también tuvo una época en la cual lucía unas desmarañadas rastas en la cabeza. No deja de ser curioso que un icono del punk más real y transgresor, pueda ser acusado de colonizador reaccionario por los mimados y consentidos milenials. A los defensores de la corrección política solo les importa imponer sus dogmas político-raciales y, como blanco que es Jonh Lydon, él también hubiese sido condenado por el bien de la diversidad.

Parece mentira que una curiosa moda capilar, sea capaz de generar discusiones a nivel internacional. Aunque, en cierta manera, es una consecuencia lógica de lo siguiente. Comisiones por la Igualdad de Oportunidades, movimientos de izquierdas, grupúsculos terroristas antifascistas, Asociaciones Nacionales para el Avance de la Gente de Color o las Panteras Negras son los encargados de recordarnos que: *"Los blancos somos unos expoliadores"*. Por un simple peinado, el cual yo no recomendaría llevar a nadie, son capaces de abrir causa general contra toda una raza. Es importante tener esto en cuenta, ya que sus maliciosos estereotipos nos afectan negativamente.

Los blancos somos los únicos a los que se nos puede juzgar, casi siempre negativamente, por nuestro aspecto. Parece mentira que ya no tengamos derecho a llevar el cabello a nuestro gusto, por temor a ofender a los ofendidos profesionales. Incluso, los Guerreros de la Justicia Social son capaces de ir más allá de la palabra hablada; a la hora de coartar y reprimir nuestros derechos y libertades. Ejemplos de esta caza de brujas en las redes sociales hay muchos. Supongo que recordaréis aquel video en el que se podía ver a una agresiva estudiante negra (*Bonita Tindle*), militante del grupo terrorista "*Black Lives Matter*", acosando y agrediendo a un estudiante blanco (*Cory Goldstein*) por llevar rastas. Todo esto sucedió en la Universidad Estatal de San Francisco. Sí, en una universidad. Por si no lo habéis visto aún, os dejaré una breve trascripción de la "*conversación*".

> **Chico Blanco con rastas:** *"¿Por qué no puedo llevar rastas?"*
> **Joven negra racista:** *"Porque son parte de mi cultura y te la estás apropiando".*

Ya lo veis, lejos quedan ya las palabras pronunciadas por la escritora británica Beatrice Hall; las cuales se atribuyen falsamente a Voltaire.

*"No estoy de acuerdo con lo que dices, pero defenderé hasta la muerte tu derecho a decirlo".*

Stephen G. Tallentyre (*seudónimo utilizado por Beatrice Hall*)

Se supone que en las universidades mana la fuente del saber, que allí se forjan a los líderes del mañana, que en sus clases se enseña tolerancia y respeto. Nada más lejos de la realidad. Las universidades americanas y, por proximidad cultural, las europeas, se han convertido en centros de adoctrinamiento. Parecen cadenas de montaje para ensamblar a los fanáticos Social Justice Warriors del sucio mañana. Laboratorios en los cuales se inocula a los inexpertos estudiantes, el virus del marxismo cultural.

La guerra del lenguaje o, mejor dicho, las palabras policía (*censoras*), son el pilar fundamental sobre el que se asienta la causa inquisidora del marxismo cultural. La mera posibilidad de ser acusado de algo (*apropiación cultural*) en la universidad, sobre todo si eres un malvado hombre blanco, priva a nuestros jóvenes de poder actuar en libertad. La excesiva sensibilidad de ciertas razas, la cual los lleva a ofenderse por un simple disfraz; da lugar a una atmósfera represiva, que vicia las relaciones inter-étnicas que puedan darse. La demagógica enseñanza que ciertos profesoruchos (*tipo Yvette Felarca, vocera del Movimiento Antifascista Californiano*) aplican en sus clases, sobre todo cuando hablan de la intersección de los supuestos sistemas de opresión (*supremacía blanca, patriarcado, capacitismo, cissexismo...*); envilece la revanchista mente de sus mimados estudiantes de color.

A los jóvenes blancos les dicen que: "*Hay un sin fin de cosas suyas, que podrían ofender a las otras razas*". Les instan a mantenerse en perpetua sumisión o también les prohíben cuestionar las ponzoñosas enseñanzas que les imparten. Y, con el comodín de la apropiación cultural, limitan sus posibilidades de acción/reacción.

Los tolerantes defensores del "*respetar los sentimientos de otras personas*", son los primeros en ejercer un comportamiento opresivo en la vida cotidiana de los blancos. Les da igual que sus acciones causen daños irreparables en la psique de la víctima, al obligarla a vivir con *"miedo de ofender"*. Sacando a relucir el cuento de la dinámica de poder, legitiman su guerra racial; revistiéndola con el sagrado mantra de la lucha de clases *(opresores vs oprimidos).* ¿Resumen? Carecen de empatía, si el prójimo es blanco.

Pero no solo de la estética viven los defensores de la apropiación cultural. El mundo de la música también se ve afectado por este mal liberticida. El Síndrome de Estocolmo que afecta a los occidentales, es el culpable de que los afroamericanos exijan que ciertos estilos musicales *(rap, r&b o rock and roll)*, solo puedan ser utilizados por ellos. Es más, ni los mestizos se libran de ser acusados de practicar la apropiación cultural. El mulato Bruno Mars también fue víctima de esta caza de brujas; aunque, al susodicho, sí que algunas celebridades negras salieron a defenderlo. Siempre que el calumniado no sea un malvado hombre blanco, tiene derecho a ver resarcido su honor. El modus operandi que utilizaron contra su persona, fue el de siempre. Un activista del grupo paramilitar *"Black Lives Matter"* lo acusó de:

> *"Ser un buitre cultural que se beneficiaba*
> *de la música negra tradicional".*

En cierta manera, el cargo de *"apropiación cultural"* nunca pudo sostenerse desde un punto de vista étnico; pues él también forma parte de una supuesta *"minoría"*. ¿Cómo es eso? Pues porque la madre de Bruno Mars es filipina y su padre es puertorriqueño. De todas formas, que él fuese medio negro, no impidió que los *"negros puros"* lo odiasen con fuerza. Tomaré las palabras que dijo otra activista negra (*Seren*

*Sensei*), en referencia al caso de Bruno Mars, para que veáis como los blancos no somos los únicos que podemos discriminar a otro por su color de piel:

*"Bruno Mars es 100% un apropiador cultural. No es negro, para nada, y juega con su ambigüedad racial para mezclar géneros. Lo que hace es tomar un trabajo preexistente y él, palabra por palabra, lo recrea completamente. No lo crea, no lo mejora. Es un cantante de karaoke, un cantante de bodas, la persona que contratas para hacer covers de Michael Jackson y Prince. Sin embargo, Bruno Mars tiene un Grammy por álbum del año, y Prince nunca ganó un Grammy por álbum del año".*

(Seren Sensei, experta en temas de apropiación cultural.)

Como habréis podido leer, juzgar a la gente por su negritud está bien si lo hace un afroamericano. ¿Imagináis que esas mismas palabras las hubiese dicho alguien blanco? No quiero ni pensar en el revuelo que se hubiese formado. Músicos blancos como la rapera Iggy Azalea, Katy Perry, el grupo sudafricano Die Antwoord, Miley Cyrus o Post Malone no han tenido tanta suerte como Bruno Mars. A ellos nadie los defendió cuando la racista comunidad negra los acusó de ser: *"Buitres culturales"*. El concepto de apropiación cultural ha pasado de ser una vacua argumentación progre, a utilizarse como índice de la jerarquización social en el siglo XXI. Utilizando un sistema de puntuación basado en los privilegios étnicos que tenga el individuo, los Guerreros de la Justicia Social se creen con derecho a prohibir que los malvados hombres blancos: *"Hagamos determinadas cosas"*. Si en verdad estos supuestos estándares que miden el nivel de apropiación cultural, se aplicaran en todos los aspectos de manera igualitaria y no racista (*anti-blanca*); también debería censurarse que las otras razas hablen nuestro idioma, vistan nuestra ropa o se aprovechen de todos nuestros logros médicos y técnicos. ¿Por qué no se hace así? Pues porque no les interesa, ya os imagináis a quién, que todos seamos juzgados por el mismo patrón.

No veo a nadie quejarse o denunciar las injusticias provocadas por la cultura dominante, cuando las minorías mayoritarias utilizan un coche, motocicleta, autopistas, vacunas, ordenadores, Seguridad Social, sanidad universal… El extremismo y fanatismo de los defensores de la teoría de la apropiación cultural suele ser dejado de lado, cuando los individuos de otras razas se lucran de lo conseguido por el malvado hombre blanco.

A estas alturas de la película, tras todo lo expuesto en este capítulo, supongo que ya tendréis claro que el problema de la vil apropiación cultural es:

*“Que no es un problema”.*

Esta polémica ha sido inflada, para alimentar las llamas del odio racista anti-blanco. Los mensajes contrapuestos que lanzan desde los medios de desinformación masiva, solo sirven para confundir a la población. Por una parte, nos venden que mezclar culturas y razas es algo bueno; cuando resulta, más que obvio, que no lo es. Y por otra, argumentan que hacer uso de las costumbres de otras culturas es algo ofensivo. Entonces, ¿en qué quedamos? Como veis, ni ellos mismos se aclaran. Décadas atrás, el mainstream izquierdista solía describir la utópica idea de un posible mundo global sin fronteras como algo: moderno, dinámico, adaptable y beneficioso. No querer compartir nuestro espacio vital, para evitar que se diluyera nuestra identidad; era algo impensable. Argumentaban que querer preservar tu propia identidad, sobre todo si eras un malvado hombre blanco, era algo arcaico que rozaba el fascismo.

A los que nacimos en la segunda mitad del pasado siglo XX, casi nos obligaban a asimilar como propias las costumbres del recién llegado. No nos permitían disponer de la autonomía personal e ideológica suficiente como para poder elegir a qué grupo racial deseábamos pertenecer. En cambio, en pleno 2018, la situación se ha dado la vuelta. Ahora los que quieren permanecer puros e inmaculados son otros; ellos, los no blancos. La ponzoñosa hipersensibilidad de la que hacen gala los Guerreros de la Justicia Social ha propiciado que elegir qué ropa llevar o cuál peinado hacerse, no sea ya cuestión de moda. Equivocarse al elegir, puede ser considerado casi como: *"Un crimen de odio"*.

El término de apropiación cultural nunca viene solo. Normalmente le siguen una retahíla de acusaciones, a cada cual más dañina, para estigmatizar al adversario: racista, fascista, nazi… ¿Y qué se consigue con estas palabras policía? Pues el silencio, el temor a hablar, el pánico a ser señalado como:

*"Un malvado colonizador blanco que defiende la apropiación cultural"*.

Tomaré las palabras que la novelista Lionel Shriver pronunció durante un discurso en un festival de Brisbane, para ejemplificar con ellas la paranoia liberticida de quienes se han erigido como nobles jueces del progresismo y la modernidad:

*"Los escritores deberían poder escribir ficción. No deberíamos permitir que las preocupaciones por la apropiación cultural, restrinjan nuestra creación de personajes de orígenes distintos a los nuestros. Defiendo la ficción como un vehículo vital para la empatía. Si solo tenemos permiso para escribir sobre nuestra experiencia personal, no hay ficción, solo memorias".*

No os llevéis a engaño, Lionel Shriver no es ninguna escritora Alt-Right y mucho menos una intelectual conservadora. Nada más lejos de la realidad. Ella misma se define como: *"feminista, atea, de izquierdas e internacionalista"*. Es decir, se encuentra en las antípodas de nuestro pensamiento. Lo curioso de su caso es que, pese a militar en el bando contrario, ha sido capaz de darse cuenta del engaño que supone el mantra de la apropiación cultural.

Tener el carnet de feminista no impidió que Lionel Shriver fuera juzgada, públicamente, por no apoyar a quienes creen que usar sombreros mexicanos en una fiesta o servir sushi sin ser japonés es apropiación cultural. La acusaron de carecer de sensibilidad hacia las minorías. Periódicos como The Guardian o el The New Republic la atacaron con inusitada furia. Titulares tan sensacionalistas como: *"Lionel Shriver no debería escribir sobre minorías"*, no hicieron más que echar leña a la hoguera inquisidora montada por los Social Justice Warriors. Uno de los ruines padres de las Fake News, The Washington Post, llegó a publicar que:

*"Hacía falta más vigilancia sobre el escritor, para así impedir que pudiesen ofender a los colectivos minoritarios".*

¿Os imagináis que por cocinar una tortilla de patata, siendo extranjeros, alguien os dijera que os estáis apropiando de la cultura gastronómica española? Suena estúpido, ¿verdad? Si os suena estúpido, es porque en verdad lo es. Las tradiciones artísticas, gastronómicas, culturales y filosóficas no son propiedad exclusiva de un pueblo en concreto.

La postura fundamentalista de los defensores de los *"oprimidos"* no admite la permeabilidad de las culturas, es decir: *"El intercambio o adopción de ciertos elementos intrínsecos a un pueblo"*. Parece mentira que tenga que ser yo, el que aclare este punto; pero me debo a la verdad. Las culturas se comunican y enriquecen las unas a las otras, cuando éstas están a un mismo nivel. Considerar *"robo"* el querer imitar o mejorar algo que te parece bello, tal y como hacen estos extremistas, es propio de fanáticos lobotomizados o de sucios sinvergüenzas que hacen negocio con el odio y el enfrentamiento.

La infame invención de la teoría de la apropiación cultural solo ha servido para encerrar a las personas caucásicas en una sola identidad, en un solo plano: *El de los opresores colonialistas*. La postura de los defensores de los dogmas de la apropiación cultural no es nada coherente. Censuran y hasta prohíben que los blancos adoptemos otros roles culturales distintos y, a su vez, nos impiden alejarnos para que no podamos mantener intacta nuestra propia identidad.

Los Guerreros de la Justicia Social viven obsesionados con que no se hiera la sensibilidad colectiva de las otras razas y, si para ello han de estigmatizar a un grupo en concreto, el formado por los malvados hombres blancos; tened por seguro, que serán los primeros en tirar la piedra sin esconder la mugrosa mano. Aquí no les importa el *"herir nuestra sensibilidad colectiva"*. Sale gratis atacarnos, sale gratis criminalizarnos y, sobre todo, sale gratis culpar al malvado hombre blanco de todos los males habidos y por haber.

# LEYENDA NEGRA ESPAÑOLA

Voy a contaros una terrorífica e interminable historia, repleta de mentiras y falsedades. Seguramente, la habréis escuchado ya alguna vez; pues los defensores y voceros de los tópicos de la *"leyenda negra española"* se resisten a que su relato favorito desaparezca. Por eso, os traigo:

*"La fábula del Descubrimiento de América"*.

Espero que las líneas aquí escritas, os ayuden a dar con la moraleja de todo este relato.

La imagen negativa que estas primitivas Fake News dieron del Reino de España (*Castilla*) todavía persiste, gracias a la actitud derrotista de los propios españoles. Pocos son los que se han atrevido a desmentir, de forma tajante y contundente, las acusaciones de exterminio y holocausto que pesan sobre las nobles cabezas de sus antepasados. Tampoco nadie parece querer cuestionar que los indios que habitaban el continente americano, antes de la llegada de los españoles en 1492; no vivían en una sociedad monolítica, idílica y pacífica.

Recordad que existe *"la verdad"* y *"la verdad oficial"*. Es por eso que, varios siglos después, la realidad que nos cuentan dista mucho de la realidad que se vivió en aquella época. Grandes matanzas sucedieron durante todo el pasado siglo XX, pero a pocos les importa recordarlas. La hecatombe vivida en Camboya durante el sangriento gobierno comunista de los Jemeres Rojos, causó la muerte de casi 2 millones de personas y el exilio forzoso de otras cientos de miles. Un pequeño apunte:

*"El país contaba en aquella época con apenas 10 millones de habitantes".*

A diferencia del tan demonizado Adolf Hitler, democrático Führer del III Reich Alemán, el genocida Pol Pot ha pasado casi desapercibido para el gran público. ¿Sabéis por qué? Pues porque a pesar de los millones de asesinados por el régimen de los Jemeres Rojos, la China maoísta, Inglaterra y los propios EEUU les prestaron su apoyo cuando Vietnam (*aliado de la URSS*) invadió Camboya. Y claro, de esta alianza del mal nadie quiere ni deja hablar. Por si esto no fuese lo suficientemente vergonzoso, cuando la coalición chino/occidental instauró una seudo monarquía de corte constitucional en Camboya; se prohibió, expresamente, juzgar a los criminales que desangraron el país entre los años 1975 y 1979. Las víctimas de este letal régimen comunista no pudieron reclamar, la persecución legal de sus torturadores.

Norodom Sihanouk (*hijo del rey Norodom Suramarit y de la reina Sisowath Kossamak*), nombrado *"Padre de la Patria Camboyana"* tras la independencia de Francia; fue el encargado de proteger a los Jemeres Rojos. En 1998 les concedió el perdón oficial, bajo la atenta mirada de China. Nadie protestó. El mundo occidental tampoco se indignó por ello. Cómo iban a hacerlo, si ellos mismos trataron de sostenerlos en el poder (*guerra camboyano-vietnamita*).

La historia no la escriben los vencedores ni tampoco los vencidos. Sabed que la historia la inventan aquellos que ostentan el poder real a nivel mundial. Por eso, en occidente se sigue recordando con odio el *"Descubrimiento de América"* y, a la vez, se ha corrido un tupido velo sobre lo acontecido en Camboya. Criminalizar a unos orientales comunistas, no les da rédito alguno. En cambio, señalar a todo un pueblo caucásico por el supuesto exterminio de unos pacíficos indios, es harina de otro costal. Aquí sí pueden pinchar hueso. Saben que culpar al malvado hombre blanco siempre vende.

La versión oficial de la historia, defendida con fervor por los siervos del Nuevo Orden Mundial, nos dice que: *Los "castellanos" (españoles) que arribaron en las costas de América, asesinaron a millones de indígenas por puro sadismo.* No podía ser de otra forma. Los blancos siempre hemos de ser los malos de la película. También culpan a los malvados hombres blancos españoles de contagiarles, a propósito, virus y enfermedades traídas desde el viejo continente europeo. Es verdad que, junto con los españoles, también llegaron infinitud de bacterias procedentes de la Península Ibérica. Yo no voy a negar eso. El sistema inmunitario de los indígenas no estaba preparado para hacerles frente. De ahí que las diversas epidemias, aceleraran la caída de la población nativa.

Hace algunos años, unos investigadores de la Universidad de Harvard y del Instituto Max Planck de Ciencia de la Historia Humana (*Alemania*) realizaron un minucioso estudio para averiguar las causas reales del despoblamiento del Virreinato de Nueva España. Con dicho estudio llegaron a la siguiente conclusión:

*"El número de indígenas descendió en aquel territorio, pero no fue por una sistemática y concienzuda campaña de esclavismo y exterminio. Es más, tuvo lugar un siglo después de la llegada de los españoles y se debió, esencialmente, a una epidemia de cocoliztli".*

Pensad que si la viruela, el sarampión, las paperas o la gripe eran potencialmente mortales para la población europea; entre los indios sus efectos fueron aún más devastadores. Eso sí, lo sucedido en el Virreinato de Nueva España no es comparable a lo acontecido en el norte *"anglosajón"* durante las Guerras Indias. Aquí no se jugó la carta de una primitiva *"guerra bacteriológica"*, para eliminar a la población nativa. Aquellos aventureros al servicio de la Corona Castellana no conocían los estudios de Pasteur o Anton van Leeuwenhoek, para poder prever lo que iba a desencadenar su llegada. Todo fue fruto del azar. Muchas de las enfermedades que castigaron el territorio americano, ya habían diezmado Europa con anterioridad. Conviene recalcar que algunas de estas plagas, sobre todo la Peste Negra, ni siquiera eran autóctonas del viejo continente. Según el autor árabe Ibn al-Wardi:

*"La peste pudo tener su origen en el País de la Oscuridad, el kanato de la Horda de Oro; ubicado dentro del territorio del actual Uzbekistán"*.

Es decir, la terrible plaga vino de Asia valiéndose de la Ruta de Crimea. ¿Acaso los malvados blancos culpamos en Europa a los uzbekos actuales, por habernos dado tal mortal regalo? Claro que no, como es lógico. Pero profundicemos más en lo que fue y supuso la Peste Negra para Occidente. La *"Muerte Negra"* ocasionó una de las mayores catástrofes demográficas de la historia, más allá de las inducidas por las purgas decretadas en los diferentes regímenes comunistas. Entre 1347 y 1360 la Peste Bubónica vació cientos de pueblos y ciudades europeas. Y no quedó nadie para dar Santa Sepultura a aquellos pobres infelices. La concentración del hambriento populacho en ciudades pestilentes, la contaminación de los pozos por los residuos fecales, la falta de atención sanitaria y los millones de ratas (*Rattus rattus*) que lo infestaban todo; contribuyeron a que el drama fuera aún mayor. El sistema inmunológico de los europeos, al igual que le ocurriría a los indios, no estaba preparado para defenderse del ataque de esta enfermedad. Por eso, murieron tanto malvados hombres blancos.

Hablemos de cifras. Se estima que casi un tercio de la población europea pereció, durante la primera oleada de esta pandemia. Las crónicas de aquella época nos permiten acercarnos a la cifra real de fenecidos: *20 millones (50 millones si contamos a las víctimas de otros territorios)*. Estos 20 millones a los que hago mención son plausibles. Conviene recordar que en las mayores ciudades de Europa, las cuales expondré a continuación, la peste liquidó entre un tercio y dos tercios de sus habitantes.

- **Más de cien mil habitantes:** *Florencia, Venecia, Génova y París.*

- **Más de cincuenta mil habitantes:** *Gante, Brujas, Palermo, Bolonia, Roma, Nápoles, Milán y Colonia.*

- **Menos de cincuenta mil habitantes:** *Londres, Burdeos, Toulouse, Montpellier, Lyon, Barcelona, Sevilla, Toledo, Siena y Pisa.*

En honor a la verdad, debo admitir que los malvados hombres blancos de aquella época también buscaron culpables de la tragedia. La iglesia hizo creer al populacho que la peste era un castigo divino, por haberse apartado de la senda de Dios. También se señaló a grupos étnicos o sociales concretos, por ser los culpables de haber despertado la ira divina. La desesperación y el miedo contribuyeron a desatar una ola de violencia irracional que se llevó por delante las vidas de cientos de judíos, peregrinos, buhoneros y leprosos.

*"Cuando abrió el cuarto sello, oí la voz del cuarto Viviente que decía: ven. Miré entonces y había un caballo verdoso; el que lo montaba se llamaba Muerte, y el Hades le seguía".*
(Apocalipsis 6, 8)

La ciencia médica de la época, al igual que le pasó a los médicos de los lejanos tiempos del Descubrimiento, desconocía los mecanismos de transmisión de las enfermedades. Para aquellos que no sepáis qué es la peste y cómo se transmite, os haré un pequeño resumen:

*"La enfermedad llegaba cuando una pulga o piojo infectado picaba a una persona. Uno también podía infectarse al manejar materiales contaminados; sobre todo, si estos tocaban alguna parte expuesta de la piel. La hinchazón de los ganglios linfáticos (llamados bubones) le dio su nombre: Peste Bubónica. La aparición de unas manchas oscuras en la piel, señalaban a quienes empezaban a padecer la enfermedad. Fiebre, dolor de cabeza, escalofríos y debilidad corporal también eran otros de sus síntomas".*

La naturaleza siempre sabe cómo equilibrar las cosas. Aunque suene cruel decirlo, la peste y las *"plagas indias"* pueden definirse como:

*"Un mecanismo de autorregulación que tiene el propio planeta, para librarse del exceso de población".*

Ya lo estamos viendo, hoy en día, con el tan sonado *"Virus del Ébola"*. Periodos de incubación más largos permiten a sus portadores el viajar más lejos, para así poder infectar a más personas. Que los españoles llevasen al Nuevo Mundo afecciones nunca vistas antes allí, fue consecuencia de este mismo mecanismo de autorregulación natural.

Los enemigos del malvado hombre blanco español suelen definir la *"Conquista de América"* como: *"El mayor genocidio de la historia humana"*. Sí, el mayor de todos ellos; muy por delante incluso del Holomodor Ucraniano, la Revolución Cultural de Mao o el Archipiélago Gulag de Stalin. Veamos de dónde sacan esta atrevida conclusión, tomando las palabras de uno de los más furibundos enemigos de la Corona Castellana:

- **Guillermo de Orange** (miembro de la Casa de Nassau, Príncipe de Orange, caudillo en la Guerra de los Ochenta Años e impulsor de la Leyenda Negra Española)*: "Los españoles han causado una muerte miserable a veinte millones de personas"*.

Cabe mencionar que el propio Orange se valió del incendiario panfleto: *"Brevísima relación de la destrucción de las Indias"*, escrito por el blasfemo fraile dominico Bartolomé de Las Casas; para justificar sus infundadas acusaciones. Los enciclopedistas franceses también asumieron como ciertos, todos y cada uno de los tópicos y exageraciones de dicha obra. Por ejemplo, el escritor francés Jean-François Marmontel en su obra *"Les Incas"*, incluso llegó a elevar a Las Casas a la categoría de: *"Benefactor de la Humanidad"*.

La inquisición progre dejó dictada sentencia hace siglos. El caso de la conquista y colonización de América está más que cerrado. Los codiciosos, orgullosos, fanáticos, perezosos e ignorantes españoles asesinaron a 20 millones de indios. ¿Por qué 20 y no 30? Porque así lo estipuló Las Casas ¿Qué censo utilizó para llevar a cabo el recuento? El que le salió de sus religiosas criadillas. ¿Cómo es que la América española y portuguesa son negras e indias en su gran mayoría? No sé, ¿magia? Responded vosotros mismos.

Los datos aportados por testigos (*interesados*) y (*supuestos*) cronistas sirven a los enemigos de España, pese a su capciosidad, para dar fe de hechos inhumanos nunca acontecidos durante la conquista. Da igual que la Corona Castellana protegiera a los indios con su legislación (*Leyes de Burgos*); a diferencia de lo que ocurría en el territorio americano, controlado por los banqueros Augsburgo de la Casa Welser (*Venezuela*). *"Las ordenanzas reales para el buen regimiento y tratamiento de los indios"* fueron las primeras leyes que dictó la Corona Española (*1512*), para tratar de organizar la vida en sus territorios del Nuevo Mundo (*América*).

Las "*Leyes de Burgos*" llevan el nombre de su homónima ciudad castellana por puro azar. La junta de teólogos y juristas que les dieron forma eligieron Burgos como lugar de reunión y, por eso, fueron bautizadas así. Aquel cónclave, que se inspiró en el famoso sermón de Montesinos, supuso un hito histórico. Por primera vez en la historia, el conquistador concedía derechos a los subyugados; es decir: *A los indios que habitaban en tierras americanas, antes de la llegada de los españoles.*

Estas Ordenanzas Reales pretendían asegurar "*el buen regimiento y tratamiento de los indios*". Constaban de 35 leyes o artículos en los que se regulaba hasta el más mínimo detalle: condiciones personales de vida de sus nuevos súbditos, tipos de trabajos que podían realizar, límites a la utilización como mano de obra de la población indígena y, sorprendentemente, también se reconocía su derecho a la libertad y a la propiedad. La Isla de la Española, Puerto Rico y Jamaica fueron donde primero se aplicaron estas innovadoras medidas.

> ➢ *Los indios son ciudadanos libres y deben ser tratados como tales, tal y como ordenan los Reyes.*
> ➢ *Los indios han de ser instruidos en la fe cristiana, siguiendo el camino marcado por las bulas pontificias.*
> ➢ *Los indios tienen la obligación y el deber de trabajar.*
> ➢ *El trabajo que realicen los indios dependerá de su constitución, de modo que lo puedan soportar físicamente.*
> ➢ *Los indios deben recibir un salario justo por su trabajo.*
> ➢ *Los indios han de tener moradas y haciendas propias. Se les ha de permitir tener tiempo libre para dedicarlo al cultivo y mantenimiento de sus predios.*

A través de las *"Ordenanzas de Granada" (1526)* la Corona Española siguió mejorando el estatus social y jurídico de los indios americanos. Sus doces ordenanzas estaban dirigidas a los cristianos viejos que arribaban en el Nuevo Continente. A ellos se les exigía que promovieran y fomentaran las buenas costumbres entre los nativos. Se les advertía del peligro de actuar injustamente con los indios. A los conquistadores que abusaban de los nativos, gracias a su rango, se los castigaba severamente. A los clérigos se les adjudicó el papel de mediadores entre ambos pueblos. También se decretó la inmediata liberación de los indios esclavizados.

Después de las "*Ordenanzas de Granada*" vendrían las "*Leyes Nuevas de Indias*", consideradas las antecesoras de los "*Derechos del Hombre y del Ciudadano*" elaborados en Francia en 1789. El Rey Carlos I de España fue el impulsor de las mismas. En la Universidad de Salamanca (*1540*) se celebró una junta de notables, la cual estuvo encabezada por el catedrático en derecho y economía Francisco de Vitoria; para elaborar un nuevo conjunto de leyes, que permitieran afianzar los logros sociales conseguidos tras la imposición de las "*Ordenanzas de Granada*". Las "*Leyes Nuevas de Indias*" fueron promulgadas en Barcelona el 20 de noviembre de 1542.

Las "*Leyes Nuevas de Indias*" constaban de 39 preceptos y estaban agrupadas según su contenido:

- **Edicto del 1 al 9:** *Reestructuración del Consejo de Indias.*
- **Edicto del 10 al 19:** *Creación del Virreinato del Perú y de dos nuevas Reales Audiencias, la de Lima y la de los Confines (Guatemala).*
- **Edicto del 20 al 33:** *Trato debido a los indígenas.*
- **Edicto 39:** *Reforma del sistema tributario.*

Las preguntas que convendría plantearse llegados a este punto, tras este breve repaso histórico/legislativo, serían las siguientes:

*¿Por qué España sigue siendo señalada con el dedo, internacionalmente, cuando su forma de proceder en los territorios de su imperio fue muy diferente a la de otros países conquistadores? ¿Por qué se siguen obviando, deliberadamente, los aspectos positivos que trajo consigo el Descubrimiento de América?*

El transcurrir del tiempo no parece haber puesto las cosas en su sitio. Los tópicos y exageraciones vertidos por los abyectos enemigos de España, todavía se mantienen en boga. La Leyenda Negra se resiste a desaparecer o, más bien, no quieren dejar que desaparezca. A los malvados hombres blancos españoles se les sigue exigiendo que expíen los pecados de sus ancestros, que devuelvan el oro que nunca robaron, que depongan las armas y se postren arrepentidos frente a los pestilentes pies de supuestos mayas *(mestizos la gran mayoría)*. De todas formas, aunque cumplieran todas y cada una de estas exigencias, tened por seguro que seguirían sin ser perdonados.

Y hablando de "*oro*". Pasemos a abordar otro de los grandes mitos, sobre los que se sustenta la leyenda negra que nos persigue. El tan manido robo de metales preciosos a los indígenas, principalmente oro y plata, nunca suele faltar en el falaz argumentario de los enemigos de España. La versión oficial y por ende, tendenciosa, que utilizan nos cuenta que los españoles transportaron enormes riquezas a la península; dejando los lejanos territorios conquistados empobrecidos y esquilmados. Vayamos por partes para desmontar esta falacia.

Primer punto.

Resulta técnicamente imposible que todo el oro, plata, esmeraldas, perlas y otros minerales u objetos de valor del Nuevo Mundo fuesen llevados a España. Es verdad que una pequeña parte de todo lo que se extrajo, sí que fue transportada a la metrópoli. En cambio, la gran mayoría de las riquezas se quedaron en América *(80%)* para poder hacer frente al pago de la soldada del ejército y los funcionarios; o también se utilizaron para financiar la construcción de ciudades, universidades, hospitales y templos religiosos.

Hagamos un poco de turismo, lo cual nunca viene mal, para conocer parte del legado arquitectónico español en el continente americano. La bella San Miguel de Allende *(México)* es conocida por sus edificios señoriales (*siglos XVII y XVIII*). Dicha localidad tiene sabor español, ya que fue fundada en 1542 por el monje franciscano Fray Juan de San Miguel. La fachada neogótica de la parroquia de San Miguel Arcángel, las viviendas y palacios de estilo colonial, y el jardín Allende le han servido para ser considerada patrimonio mundial por la Unesco en 2008. Si uno piensa en la ciudad amurallada de Cartagena de Indias *(Colombia),* lo primero que se le vendrá a la cabeza, es su característico arco amarillo bajo la Torre del Reloj. Mencionar que en una de sus múltiples plazas adoquinadas, la de la Aduana, se encuentra erigida la estatua que recuerda al madrileño Pedro de Heredia; fundador de Cartagena de Indias. En Cuzco (*Perú*) nos encontramos con iglesias como las de la Merced o la Compañía. Esta ciudad es patrimonio mundial desde 1983 y, gracias a la cantidad de monumentos arquitectónicos que atesora, es conocida como: "*la Roma de América*". Las calles de Potosí (*Bolivia*) también nos recuerdan su pasado español. Su catedral, la iglesia de San Lorenzo, el Arco de Cobija, la Torre de la Compañía o el convento de Santa Teresa fueron levantados en tiempos del Imperio.

Segundo punto.

Conviene recalcar que todo ese oro, plata y demás minerales que se utilizaron para pagar a quienes levantaban estos patrimonios mundiales, carecían de importancia *(económica)* para los nativos. Los indios no se valían de ellos para sus transacciones mercantiles, sino que los empleaban en ritos religiosos (*exequias*). Como curiosidad:

*"Cuando el trueque no era suficiente como para poder llegar a un acuerdo satisfactorio entre ellos, los indios utilizaban granos de cacao como moneda; y no oro o plata".*

Tercer punto.

El oro extraído por los españoles consiguió avivar la ambición de los ingleses. Ellos también querían posar sus garras en América del Sur. Es por eso que muchas de estas riquezas no llegaron nunca a pisar la península, sobre todo entre los siglos XVI y XVII, pues fueron utilizadas para hacer frente a los embistes de Albión. La guerra económica que Inglaterra llevó a cabo contra el Imperio Español, hizo que el rey de los malvados hombres blancos españoles casi no pudiese encontrar financiación extranjera. Los banqueros genoveses, florentinos y alemanes se aprovecharon de esta situación, concediéndole abusivos préstamos; cuyos intereses llegaron a rondar en torno al 30%. Por eso, casi todo lo extraído en América se utilizó para la defensa de los puertos y ciudades levantados en el Nuevo Continente.

Aún en tiempos de falsa paz, como la tregua acordada entre Felipe II e Isabel I, la pérfida Albión siguió auspiciando bajo sus faldas a corsarios como Walter Raleigh, Francis Drake, Jonh Hawkins o Thomas Cavendish. Generales como Francisco Lujan se las vieron y desearon para frenar su rapacidad (*Batalla de San Juan de Ulúa*). ¿Por qué? Pues porque Inglaterra nunca aceptó del todo el *"Tratado de Tordesillas"*, mediante el cual España y Portugal se repartieron América.

Los tesoros que la Corona Española trataba de traer a la metrópoli solían llegar tarde, mal y, en no pocas ocasiones, nunca. La protección de sus convoyes resultaba más que ineficiente, vistos los desastrosos resultados. Piratas como el holandés Piet Hein o el bucanero Jean David

Nau lograron desangrar al imperio en el que nunca se ponía el sol. Pero no fueron los únicos. Por ejemplo, el tesoro que Cortés expropió a Moctezuma terminó en manos de un astuto bucanero. Jean Fleury no era inglés, pues servía a Francia, otro reino enemigo de la Corona de Carlos V. A la altura del cabo de San Vicente consiguió apoderarse de 58.000 lingotes de oro. Como postre de tan suculento botín, también se agenció el famoso penacho de Moctezuma.

El vasto emporio colonial español siempre fue un gigante con pies de barro. En otras circunstancias más favorables, los recursos del dichoso *"Descubrimiento"* habrían hecho de España la nación más fuerte y poderosa del mundo. ¿Por qué no fue así? Pues por la falta de liderazgo de una Casa Real repleta de imbéciles consanguíneos, la corrupción galopante, la falta de un proyecto a largo plazo y la labor minadora de la masonería en las colonias americanas.

Hagamos un resumen de lo expuesto hasta el momento:

1. *Tan solo llegaron a la Península Ibérica el 20% de los metales preciosos extraídos.*

2. *La mayor parte de las riquezas se quedaron en el continente americano, siendo utilizadas para sufragar la construcción de nuevas ciudades, hospitales, universidades, iglesias…*

3. *La mayoría de las potencias europeas de la época lucharon por hacerse con un trozo del pastel. El "oro español" pocas veces llegaba a estar en manos españolas. Bucaneros o banqueros solían ser sus principales receptores.*

El investigador sueco Sverker Arnoldsson llegó a definir la *"Leyenda Negra Española"* como:

*"La mayor alucinación colectiva de Occidente"*.

Ya solamente dos tipos de personas creen en dichas manipulaciones y falsificaciones históricas:

1. *Los fanáticos ignorantes.*
2. *Los malvados fanáticos.*

Es verdad que el cúmulo de inexactitudes y falsedades de este malintencionado mito, esgrimidas con carácter propagandístico, cada vez convencen a menos gente. Protestantes, anticatólicos, marxistas y supremacistas del movimiento indígena son de los pocos que se resisten a abandonar su equivocada visión sobre el Imperio Español; pese a las numerosas evidencias existentes que los desmienten. Curiosamente, todos ellos comparten un absurdo reduccionismo que se basa en lo siguiente: *indios/buenos* y *españoles/genocidas.*

Como ya habréis podido comprobar, gracias a este capítulo, las *"Fake News"* no son un invento de nuestro pútrido presente cibernético. Difundir noticias falsas, calumnias y sanguinolentas exageraciones siempre ha formado parte de la llamada *"guerra de propaganda"*. Las mentiras prefabricadas han encumbrado y tumbado gobiernos a lo largo y ancho del mundo. Y eso fue lo que le pasó al Imperio Español. Si los enemigos del malvado hombre blanco han conseguido estigmatizar a toda una nación (*España*), a base de mentiras y tergiversaciones; qué no serán capaces de hacer, cuando se encuentren acorralados.

# ESCLAVITUD NEGRA EN ÁFRICA

Si ya en torno al tema indígena americano han corrido demagógicos ríos de tinta, la trata de cautivos negros ha dado para escribir miles de libros y filmar decenas de películas tendenciosas. La mitificación del tema de la *"Esclavitud Negra"*, sobre todo dentro de las sociedades occidentales, ha terminado por convertir este distorsionado hecho histórico en un dogma de fe. Si no crees que los blancos fueron los únicos que esclavizaron, entonces te tratarán de racista. A los blancos nos han pintado como sanguinarios depredadores, carentes de todo tipo de remordimiento. Nos acusan de hacer fortuna, subyugando al buen salvaje negro. Casi nadie se atreve a contradecir esta verdad oficial y, gracias a ello, de nuevo una vil mentira ha pasado a ser percibida como una verdad única y universal.

**Título:** Guilty of Being White
**Autor:** Minor Threat
**Disco:** In My Eyes
**Año:** 1981
**Letra original:**

*I'm sorry*
*For something I didn't do*
*Lynched somebody*
*But I don't know who*
*You blame me for slavery*

*A hundred years before I was born*

*GUILTY OF BEING WHITE*

*GUILTY OF BEING WHITE*

*GUILTY OF BEING WHITE*

*GUILTY OF BEING WHITE*

*I'm sorry*

*For something I didn't do*

*Lynched somebody*

*But I don't know who*

*You blame me for slavery*

*A hundred years before I was born*

*GUILTY OF BEING WHITE*

*GUILTY OF BEING WHITE*

*GUILTY OF BEING WHITE*

*GUILTY OF BEING WHITE*

*I'm a convict*

*GUILTY*

*Of a racist crime*

*GUILTY*

*I've only served*

*GUILTY*

*19 years of my time*

*I'm sorry*

*For something I didn't do*

*Lynched somebody*

*But I don't know who*

*You blame me for slavery*

*A hundred years before I was born*
*GUILTY OF BEING WHITE*
*GUILTY OF BEING WHITE*
*GUILTY OF BEING WHITE*
*GUILTY OF BEING WHITE*

**Letra traducida al castellano:**

*Lo siento,*
*por algo que yo no hice.*
*Linché a alguien,*
*pero no sé quién.*
*Tú me culpas por la esclavitud,*
*cien años antes de que yo naciera.*
*CULPABLE DE SER BLANCO.*
*CULPABLE DE SER BLANCO.*
*CULPABLE DE SER BLANCO.*
*CULPABLE DE SER BLANCO.*
*Lo siento,*
*por algo que yo no hice.*
*Linché a alguien,*
*pero no sé quién.*
*Tú me culpas por la esclavitud,*
*cien años antes de que yo naciera.*
*CULPABLE DE SER BLANCO.*
*CULPABLE DE SER BLANCO.*
*CULPABLE DE SER BLANCO.*
*CULPABLE DE SER BLANCO.*

*Soy un convicto...*

*CULPABLE*

*...de un crimen racista.*

*CULPABLE*

*Solo he cumplido...*

*CULPABLE*

*...19 años de mi condena.*

*Lo siento,*

*por algo que yo no hice.*

*Linché a alguien,*

*pero no sé quién.*

*Tú me culpas por la esclavitud,*

*cien años antes de que yo naciera.*

*CULPABLE DE SER BLANCO.*

*CULPABLE DE SER BLANCO.*

*CULPABLE DE SER BLANCO.*

*CULPABLE DE SER BLANCO.*

La idealización teórica de la *"Wakanda Marveliana"* que los negros tenían montada en África, la cual fue destruida por la avaricia blanca; choca frontalmente con la cruda realidad. La izquierda es incapaz de comprender el hecho de que el negro ya era explotado y marginado, dentro de su propia e idílica sociedad monocolor, mucho antes de la llegada de los descubridores portugueses Diogo de Silves o Dinis Dias. Muchos prefieren ignorar este hecho, con tal de mantener a flote su mentira. Y es que, los malvados hombres blancos no fueron los únicos que se lucraron con el comercio de prisioneros.

Para ilustrar hasta qué punto estaba normalizada la esclavitud entre los negros, tomaré el caso de la tribu de los Ashanti. Los Ashanti (*pertenecientes al grupo étnico de los Akan*) se expandieron desde la cuenca del río Volta, hasta llegar a controlar las rutas comerciales del Níger y la legendaria Tombuctú. Al separarse del pueblo Fanti, con quienes estaban hermanados, los Ashanti comenzaron a organizarse en ciudades-estado. Para asegurar su propia supervivencia guerrearon contra las tribus limítrofes y, una vez vencidas, las esclavizaron.

A finales del siglo XV, los europeos comenzaron a mantener contactos con los pueblos Fanti y Ashanti. Los europeos codiciaban el oro de sus minas y estas tribus negras se quedaron maravilladas con las armas y los artilugios tecnológicos de los "*rostros pálidos*". El comercio terminó por unirlos. Los Fanti se valieron de su posición costera para ejercer como intermediarios entre los blancos y sus hermanos Ashanti. Esto terminaría por marcar un punto de inflexión en la relación entre ambas tribus.

Fue a mediados del siglo XVI, cuando el comercio de esclavos se impuso al de la extracción de oro. Viendo la oportunidad de negocio, los Fanti comenzaron a practicar razias sobre sus vecinos. Los Ashanti, antaño aliados, fueron su primer objetivo. Gracias a las armas modernas entregadas por los europeos, los Fanti consiguieron imponerse. No llegaría a durar mucho su preponderancia. Las ciudades-estado Ashanti no tardaron en crear una confederación, para hacer frente a sus vecinos. Bajo el liderazgo del guerrero Osei Kofi Tutu I consiguieron derrotar a los Fanti y, además, también fundaron su capital: Kumasi. La derrota de los Fanti cambió las reglas del juego. Los europeos encontraron en los Ashanti nuevos aliados. Eran los perfectos esclavizadores y, como tales, sus crueles servicios fueron bien pagados.

No deja de ser curioso que, los antaño subyugados, terminaran por convertirse en expertos negreros.

El Imperio Ashanti basó el crecimiento de su economía en la búsqueda continua de esclavos negros. Se cambiaron las leyes imperiales para satisfacer la demanda de mano de obra. Incluso, aunque cueste creerlo, se provocaron falsas sublevaciones para luego obtener gran cantidad de esclavos al sofocarlas. Los reyes Ashanti solían conmutar las penas de muerte por la esclavitud, para que el flujo de esclavos no se detuviera en tiempos de sequía. No fue hasta 1807, cuando el inhumano negocio de los Ashanti comenzó a decaer. La orden de la Corona Británica (*1815*) de hundir todos los barcos negreros, aprovechando el regreso de la flota inglesa a la Costa de Oro; les terminó por dar la puntilla.

Los WaYao o Yao (*bantús*), asentados principalmente en Malaui, Mozambique y Tanzania; también fueron otro grupo étnico que se enriqueció a base de subyugar a las débiles tribus rivales. De religión musulmana, eran el contacto de los rudos negreros árabes que desembarcaban en la costa oriental de África. Monopolizaban el comercio de esclavos negros en la zona; los cuales intercambiaban a los árabes por ropa y armas modernas. El tráfico de marfil también le generó pingües beneficios a la poderosa monarquía Yao.

En mi Mozambique paterno, los jefes Yao controlaban la provincia de Niassa. En Niassa, las etnias Macua y Nyanja eran meros siervos de los Wayao. Su reino compartía frontera al oeste con Malawi, al este con la provincia de Cabo Delgado, al norte con Tanzania y al sur con las provincias de Nampula y Zambezia. Los jefes Yao ostentaban el título de "*Sultán*" y en su corte había escribas que sabían leer y escribir en árabe. ¿Cómo era eso posible? Pues porque los árabes enviaban profesores/clérigos para alfabetizar las aldeas aliadas (*convertir al Islam a sus habitantes*). Este modus operandi también fue común durante el "*Xeicado de Quitangonha*", el "*Reino de Sancul*", el "*Xeicado de Sangage*" y el "*Sultanato de Angoche*".

Los sultanes Wayao siempre se resistieron a abandonar su negocio esclavista. Llegaron a emprender infinitud de "*Yihads*" contra las potencias portuguesa, británica y alemana para mantener su estatus quo. Para conseguir frenar el tráfico de esclavos en Mozambique, los malvados hombres blancos portugueses optaron por atacar las caravanas Yao cerca de la costa. Con ello lograron dos cosas:

1. *Liberar a los esclavos.*
2. *Apoderarse del marfil que transportaban.*

El avance portugués, tras el establecimiento en territorio Yao de la "*Companhía de Niassa*", fue acotando la dominante influencia árabe. Con sus rutas internacionales cortadas y el férreo apoyo portugués a las etnias negras cristianizadas, a los Yao no les quedó más remedio que pasar de ser traficantes de esclavos y de marfil a jornaleros agrícolas de las plantaciones de los portugueses. En la actualidad, la población Wayao en Mozambique no supera las 450 mil personas. Siguen ocupando gran parte del este y norte de la provincia de Niassa; concentrándose la mayoría de ellos en Lichinga (*Vila Cabral*), la capital de dicha provincia.

Hablemos también de la historia del Reino de Dahomey (*Abomey o Abomé*), surgido a mediados del lejano siglo XVII y desaparecido a comienzos del siglo XIX. Estaba situado en lo que actualmente se conoce como la República de Benín. Sus pobladores pertenecían mayoritariamente a la etnia Fon, aunque también contaban con un importante sustrato Yoruba. No dejaron tribus vecinas sin ser dominadas. La guerra y la trata de esclavos eran los dos pilares que sostenían el despótico poder de sus reyes. Aunque también fueron sus constantes campañas imperialistas, las causantes de su declive.

El poder Dahomey terminaría encontrando la horma de su zapato en el Imperio Oyo (*surgido en el siglo XIV)*, otro reino yoruba del sudoeste de la Nigeria precolonial. Ambos reinos compitieron por el monopolio del negocio esclavista. La debacle del ejército Dahomey terminó por convertirlos en vasallos de los Oyo. Como muestra de sumisión, se vieron obligados a pagar un tributo anual con una parte simbólica en esclavos (*41 jóvenes y 41 doncellas*). Durante los últimos estertores del Reino Dahomey (*1851*), se llevó a cabo una guerra total contra la ciudad de Abeokuta (*actual capital del estado nigeriano de Ogun*); por dar refugio en el macizo rocoso en el que estaba enclavada, a las personas que huían de las razias esclavistas Fon. Los Egbe y Yorubas que poblaban Abeokuta lograron, por dos veces, frenar la invasión.

Fue en 1890, cuando el monarca Behanzin (*Kondo*) declaró la guerra a los franceses por haber fundado el protectorado de Porto Novo; que se firmó la sentencia de muerte del Reino Dahomey. En la Batalla de Cotonou los legionarios franceses aplastaron a los torpes guerreros de Behanzin. Dos años más tarde, en Adegon, una nueva batalla contra los galos pondría fin a dicho reino.

En el sudeste de Nigeria (*Arochukwu, Estado de Abia*) vivió otra civilización opresora, siguiendo para definirla los cánones actuales del progresismo político; que medró a base de aplastar a sus vecinos. La Confederación Aro, cuyo poder lo ostentaba un subgrupo de la etnia Igbo, duró desde 1690 hasta 1902. Las alianzas que los Igbo tejieron con los estados militarizados del río Cross, los terminaron convirtiendo en potencia regional. Igboland era su bastión y desde él controlaban el tráfico de esclavos y el comercio de aceite de palma. La Confederación Aro también operaba en los vastos territorios de Camerún y Guinea Ecuatorial, donde fundaron numerosos asentamientos comerciales.

A finales del siglo XVIII, Gran Bretaña comenzó a explorar el interior de África Occidental. Esto generó fricciones entre la Confederación Aro y la Royal Niger Company, ya que ambos competían por el dominio de los recursos económicos de la zona. Los ingleses utilizaron tropas indígenas, es decir: "*A tribus subyugadas por la Confederación y esclavos Ibibios liberados*"; para controlar toda la región. También se valieron del boicot económico. El Reino Unido sabía por dónde los Aro llevaban las caravanas de esclavos y, por lo tanto, las atacaban una y otra vez. Los británicos nunca cejaron en su empeño de destruir a la Confederación Aro y, mediante la ocupación de Arochukwu, lograron su colapso en *1902*.

Los Fulani (*Fula, Peul y Fulbe*) son otra confederación de pueblos nómadas, de origen difuso, que se sumaron a la larga lista de reinos o califatos africanos que comerciaban con "*carne humana*". Fueron uno de los primeros grupos africanos en convertirse al Islam. Actualmente se les puede encontrar en Malí, Guinea, Senegal, Togo, Chad… La región montañosa de Futa Yallon (*Djallonké*) vio nacer su imperio. Los Hausas fueron sus primeras víctimas. Los Fulani emprendieron varias campañas militares contra ellos, al considerarlos: "*blasfemos*". Tras la conquista de los Hausa, los Fulani extendieron su yihad esclavista hacia el este.

Con el establecimiento del cruel Califato de Sokoyo, los Fulani se estratificaron siguiendo el modelo Feudal Occidental: aristocracia, "*rimbe*" o personas libres, y "*matchube*" o esclavos. Los esclavos, a su vez, se dividían en dos tipos: domésticos y siervos. Aquellos que no profesaban la fe mahometana, ya fuesen ciudadanos libres o siervos, ocupaban el escalafón más bajo de la pirámide social Fulani.

La esclavitud siempre ha estado ligada a la historia africana. Lo ocurrido en la Isla de Zanzíbar da fe de esta vergonzosa simbiosis. Los primeros árabes que aparecieron en sus costas a mediados del siglo VIII, eran mercaderes y navegantes que buscaban levantar allí sus centros de operaciones. En 1698 el Sultán de Omán logró expulsar a los portugueses de Zanzíbar y anexionó la isla a sus extensos dominios. Bajó su despótico gobierno prosperó el comercio de esclavos y de marfil, y también se fomentaron las plantaciones de clavo en el territorio. Los trabajadores de dichas plantaciones solían ser, como era obvio, negros capturados en el interior del continente.

Los caciques africanos eran los encargados de suministrar a los mercaderes del sultanato, los prisioneros que capturaban durante sus batallas tribales. Los líderes Wayao de Mozambique eran uno de sus principales socios comerciales, pero también estaba la tribu Doe (*bantús*), asentada al norte de Bagamoyo (*Tanzania*). La franja costera que ocupaban los Doe les permitía relacionarse, sin necesidad de intermediarios, con los comerciantes de esclavos venidos de Zanzíbar; los cuales fondeaban sus barcos en los puertos creados por los Shirazíes (*musulmanes de origen Persa*).

El Sultanato de Omán terminó dominando la mayor parte de la costa suajili, incluida la negra tierra de los Doe. El sultán pobló sus nuevos territorios con leales persas Shomvi del norte de Irán y encargó a mercenarios Baluchis de Pakistán la defensa de los mismos. Los hombres de confianza del sultán eran los encargados de supervisar, directamente, la venta de los mustios esclavos venidos de Bagamoyo

(*Tanzania*). Por Bagamoyo pasaron alrededor de 20.000 a 50.000 esclavos por año. La gran mayoría de ellos fueron trasladados a Zanzíbar, para trabajar en las plantaciones de azúcar o clavos de olor; y el sobrante se envió a Medio Oriente y al subcontinente indio.

Os explicaré, brevemente, cómo eran y cómo se organizaban este tipo de transacciones. Los mercaderes árabes cubrían de aceite el cuerpo de los hombres y de los niños negros, para hacerlos más atractivos visualmente a los ojos del comprador. El aceite destacaba las líneas de su cuerpo, ya que era importante resaltar su musculatura. Nadie quería gastar su dinero en un esclavo enclenque. También era habitual que se azotara a los esclavos para demostrar su fortaleza. Aquellos que no lloraban ni demostraban debilidad, eran los que mayores precios alcanzaban en las subastas. Por el contrario, los que rompían a llorar se quedaban sin vender y sus amos solían sacrificarlos.

La táctica a seguir para poder vender a las mujeres era totalmente diferente. A ellas se las mostraba vestidas y engalanadas con vistosos collares y complementos varios. De esta forma, los ávidos esclavistas trataban de resaltar su belleza/sexualidad. A las ancianas se las solía vender a bajo precio y por lotes, pues carecían del atractivo necesario para llamar la atención del comprador.

La historia del Sultanato de Zanzíbar me sirve para terminar de desmentir, de una vez por todas, el mito acerca de que los malvados blancos fuimos los primeros y únicos en esclavizar al hombre negro. Convendría recordar a quienes esgrimen tan falaz argumento, que la esclavitud en África le debe mucho al Islam. Ya antes del retorno a la Meca del Profeta Muhammad, las diversas tribus arábigas solían comerciar con los reinos negros limítrofes para obtener mano de obra esclava. Incluso, llegaron a financiar pequeñas incursiones para tomar cautivos como botín. Las caravanas de esclavos de los árabes solían dejar un reguero de cadáveres a su paso. El duro trayecto a través del desierto, se llevó la vida de cientos de miles de ellos.

Millones de cetrinos cautivos africanos estuvieron siendo comprados y vendidos, en todos los mercados del mundo árabe, hasta bien entrado el siglo XX. A los varones negros se les ponía a trabajar, hasta la extenuación, en las minas de sal y en las plantaciones de azúcar. Los esclavos de mayor edad, los cuales carecían de la fuerza necesaria para realizar otro tipo de tareas más pesadas; se encargaban de mantener limpias las calles o también servían como criados en los hogares de los ricos nobles árabes. Mujeres, niños y niñas eran meros objetos de desahogo sexual para sus amos. A los jóvenes varones africanos solían castrarlos o, también, los vestían de mujeres para satisfacer los sádicos y desviados gustos de sus dueños árabes.

La mayoría de los negros esclavizados fueron cristianos o animistas. El Profeta Muhammad prohibió expresamente el comercio y la posesión de siervos musulmanes. Adoptar la fe mahometana tampoco los liberaba de su cruel sino. Los conversos no gozaban del mismo estatus social, ni tampoco poseían los mismos derechos, que alguien nacido dentro del seno de una familia musulmana. Los esclavos negros eran peor considerados y tratados por sus amos que los cautivos eslavos *(blancos del este de Europa)*. La clase dominante musulmana tomaba a los negros *(Zanj)* por meras bestias de trabajo pesado. Ni siquiera los llegaron a considerar nunca *"humanos"*.

Los ricos terratenientes musulmanes solían poseer cientos de esclavos Zanj. Los obligaban a trabajar con el estómago vacío. Aquellos negros que se revelaban o desfallecían, fruto del agotamiento, eran castigados con mutilaciones o con la muerte. A los propietarios árabes no les temblaba el pulso, a la hora de librarse de los Zanj menos productivos; pues el suministro de esclavos llegados desde África nunca se detenía. El maltrato y las duras condiciones de vida de los negros subyugados, ocasionaba alguna que otra revuelta; las cuales solían ser aplastadas, con rapidez, por los caciques árabes. La más conocida de todas ellas, que en realidad fueron varias; fue la llamada *"Rebelión Zanj"*.

La *"Rebelión Zanj"* tuvo lugar cerca de la ciudad de Basora *(Irak)* y, a diferencia de otras, duró aproximadamente unos catorce años *(869 - 883 d. C.)*. Medio millón de esclavos llegaron a alzarse en contra del califato musulmán. Durante los catorce años que duró el violento levantamiento, los Zanj obtuvieron numerosas e importantes victorias. Llegaron a dominar gran parte de la zona de Basora, incluida la propia ciudad; la cual conquistaron y devastaron en el año 871. Los soldados negros no tuvieron piedad con sus antiguos amos; ni tampoco con las mujeres e hijos de estos. Todas las mujeres árabes apresadas fueron violadas públicamente y posteriormente vendidas como esclavas. El Califato tuvo que desplegar una gran fuerza militar para aplastar a líderes rebeldes; los cuales se habían aliado con las tribus beduinas, para extender el territorio bajo su control. No sería hasta el año 879, tras el regreso del visir Al-Muwaffaq, que la revuelta sería aplacada por completo.

Este suceso vino a suponer el declive del comercio esclavista en Irak. En cambio, en el resto del mundo islámico, la actividad prosiguió con normalidad hasta la llegada de la era colonial. Los ataques de los europeos a las fortalezas de esclavos, el apresamiento de barcos negreros y el cierre gradual de los mercados de esclavos en el extranjero; casi lograron acabar con dicha actividad en suelo árabe. He dicho casi y con razón.

Oriente Medio, la Península Arábiga y el Norte de África se resisten a abandonar tan cruel y lucrativa práctica. Conviene recordar que en la musulmana Mauritania, por poner un ejemplo, la esclavitud se abolió en 1905 y de nuevo, otra vez, en 1981 y en 2007. Es más, el 17% de la población mauritana vive en régimen de semi esclavitud. También nos encontramos con el caso paradigmático de la teocracia islámica de Qatar; la misma que patrocinó al F.C Barcelona entre los años 2010 y 2016. Se estima que en dicho país hay cerca de 30.000 esclavos, los cuales son destinados a trabajar en la construcción o el comercio sexual. Arabia Saudita, Kuwait, Baréin, los Emiratos Árabes Unidos y Libia tampoco se libran de ser señalados. En dichos países es común el encontrarse con mercados de esclavos subsaharianos al aire libre, sin que a Occidente o a los defensores del cetrino *"Black Lives Matter"* parezca molestarles.

Los enemigos del malvado hombre blanco siguen recordando y condenando el sometimiento de los negros a manos de los esclavistas blancos, mientras ocultan las atrocidades cometidas por sus aliados árabes. En las películas sensacionalistas producidas en Hollywood nos hablan de plantaciones de algodón, de esclavos trabajando sin descanso, de golpes de látigo propinados por un malvado capataz blanco... Eso sí, ni una sola película veréis contando el drama de las mujeres negras capturadas en África; las cuales fueron vendidas para ser violadas en los infames harenes árabes.

Para no caer en el engaño o la demagogia, conviene recordar la realidad que se vivía en uno y otro lado. Por ejemplo, los esclavos que servían en el continente americano hasta podían casarse y tener descendencia. Ningún terrateniente de Luisiana tenía por costumbre crear eunucos (*cortándoles los genitales a los esclavos*), para que éstos pudiesen cuidar de las mujeres de la casa. En cambio, en el mundo árabe sí que sucedió y sucede. El Islam y la esclavitud han transformado la faz de África y de Arabia. Los europeos parecen obviar dicha realidad, pues se encuentran demasiado distraídos con la sobreabundancia de noticias sobre el comercio blanco de esclavos negros. Su complejo de culpabilidad perpetua les impide comprender que subyugar al prójimo, es algo que han hecho todas las razas, pueblos y religiones. *"Los blancos capturamos a millones de africanos para llevarlos a América. No tenemos derecho a hablar"*; suelen soltar cada vez que alguien aporta una voz diferente al debate de la esclavitud. Por desgracia, esta táctica coercitiva funciona.

Vosotros, pese a no ser negros, también tenéis y tenemos mucho que decir al respecto. La falsa dicotomía: *negro/víctima* y *blanco/opresor,* ya no se sostiene; ya que existe un tercer actor protagonista en este juego. Los instigadores de la *"culpabilidad blanca"* se empeñan en invisibilizar, a su vez, los abusos y vejaciones que cientos de miles de europeos padecieron a manos de los árabes. Para ser más exactos, diversos estudios calculan que entre 1 y 1,25 millones de europeos fueron capturados y forzados a trabajar en el norte del África. No deja de ser relevante que, durante los años 1500 y 1650, hubiera más esclavos blancos en la Costa Bereber que negros africanos en todos los territorios de América. Aun así, aquellos que criminalizan al malvado hombre blanco nunca reconocerán que:

*"Nosotros también podemos ser víctimas"*.

Seguir pensando en el concepto de esclavitud como algo racial, es decir: *"que solo los negros pueden ser subyugados"*; es un insulto a la inteligencia. La religión, nacionalidad o la raza no determinan quién puede o no ser condenado a la servidumbre más humillante. La esclavitud era una posibilidad más que real para los blancos que vivían en las costas del Mediterráneo o también para los pueblos eslavos. Los piratas que fondeaban sus barcos en la Costa Bereber (*norte de África*), no hacían distinciones de sexo o raza durante sus razias. Solo les importaba capturar al mayor número de personas posible, para luego venderlas en los mercados del Magreb.

El impacto de este tipo de ataques despobló extensas zonas de Francia, Italia, Inglaterra o España; cosa que nunca llegó a suceder en el continente africano. Pese a ello, el drama de la esclavitud europea en el norte de África ha sido ignorado y minimizado; relegado al rincón más polvoriento de la historia. ¿Por qué? Para que sea olvidado y así nadie de los nuestros, los malvados hombres blancos, pueda nunca cuestionar el mito de la esclavitud negra. La realidad, en este caso en concreto, no encaja con la verdad oficial sobre el colonialismo europeo. Los *"malvados colonizadores"* no pueden ser también víctimas, de ahí el tupido velo que se ha corrido al respecto. La esclavitud en el Mediterráneo seguirá siendo ignorada y minimizada, mientras no beneficie a los intereses masónicos de la clase dominante. Y, como ya supondréis, el tema de la esclavitud negra seguirá siendo explotado hasta la extenuación.

# MUJERES, FEMINISMO Y VIOLENCIA DE GÉNERO

Las militantes del movimiento feminista suelen argumentar que:

*"El machismo impregna cada uno de los estamentos de la sociedad occidental (Patriarcado), debido a nuestra herencia religioso/cultural cristiana"*.

El Patriarcado es, siempre según su distorsionada visión de la realidad: *"Un sistema totalitario que clasifica por grados de superioridad e inferioridad a los seres humanos"*. Es decir, esta clasificación o selección se hace en función de las características biológicas del sujeto; siendo siempre el malvado hombre blanco heterosexual, el único beneficiado de esta criba. Este androcentrismo (*varón como centro de todo*) selectivo daría lugar a una dicotomía estamental de tipo organizativo, según la cual: *Las mujeres ocuparían la base de la pirámide social, mientras que los malvados hombres blancos reinarían en la cúspide.*

De forma dogmática, afirman que el varón blanco heterosexual siempre se ha creído superior al resto. Como no hay ejemplos reales que sostengan dicha idea capciosa, los ideólogos de género se ven obligados a utilizar la excusa de los supuestos privilegios que otorga el pertenecer al *"Malvado Patriarcado Blanco Occidental"* para justificar sus absurdas y discriminadoras creencias woke. A falta de pruebas empíricas que sostengan sus desvaríos, tratan de encontrar conductas o expresiones seudo machistas a toda costa (*micromachismos*). Los defensores de la Ideología de Género argumentan, con una rotundidad pasmosa, que en Occidente se les paga mejores salarios a los varones por desempeñar funciones similares o iguales a las de las mujeres. De ser cierto tal cosa, ¿por qué las empresas europeas, australianas o estadounidenses no contratan solo mujeres, si esto les va a permitir ahorrarse miles de euros al año en salarios?

También repiten, cual papagayos, que los malvados hombres blancos ocupan los mejores y más importantes puestos de responsabilidad dentro de la empresa privada; solo por su género y raza. Curioso, ¿no creéis? De nuevo los empresarios, en otra clara muestra de ineptitud, se arriesgan a perder dinero al contratar a sus directivos en función de su sexo y raza; y no de su productividad y currículum. Incluso se atreven a aseverar que las mujeres occidentales se ven obligadas a sobrevivir en un régimen de semi esclavitud, al ser forzadas a realizar las tareas del hogar y encargarse del cuidado de la familia. De ser esto cierto, cosa más que improbable, ¿a qué esperan para ponerlo en conocimiento de las autoridades pertinentes? ¿Por qué no publicitan, con nombres y apellidos, el número de "*esclavas*" a las que han liberado del pesado yugo del "*Malvado Patriarcado Occidental*"?

Como veis, son tres sencillas falacias fáciles de desmontar. Y, aun así, pocos tienen el valor suficiente para hacerlo.

Ahora pongamos la lupa en otro tipo de sociedades o naciones cetrinas, las cuales se rigen por una escala de valores menos empática que la nuestra; para comprobar, mediante la comparación, cuán machistas somos los malvados hombres blancos. Sorprende que las feministas y demás aliados del "*enfrentamiento de género*" no alcen sus estridentes y estrogenizadas voces para denunciar las injusticias que suceden más allá de los EEUU, Europa o Australia. ¿Por qué será? La respuesta es más sencilla de lo que pensáis:

*"La lucha por los derechos de la mujer es solo una excusa;*
*pues solo les importan las subvenciones, que les dan los gobiernos*
*occidentales".*

¿Os apetece acompañarme a un rápido viaje alrededor del mundo? Os aviso que no hace falta que os saquéis el pasaporte o que preparéis maleta alguna. Ni siquiera os costará dinero. Nuestro primero destino es la República Dominicana, rincón paradisiaco del continente americano. ¿Preparados? Pocas noticias llegan a España de lo que ocurre en dicha isla caribeña. Nuestros medios de desinformación están más preocupados en silenciar los crímenes cometidos por pandilleros dominicanos, que en contar la verdad de las cosas.

La muerte de mujeres a manos de sus parejas o excompañeros en la República Dominicana, cuya población ronda los 10 millones de habitantes, es de 80 víctimas al año (*según cifras oficiales*). Os recuerdo que en España, con una población que llega casi a los 50 millones de habitantes, rara vez se superan las 60. Dicho esto, aportemos más cifras para profundizar en el debate. Solo en 2017, en la República Dominicana se produjeron 2.127 muertes violentas. En España se producen entre 302 *(2015)* y 292 *(2016)*. ¿Notáis la sutil diferencia?

Cojamos ahora un barco para que nos lleve a México. Según el *"Observatorio Ciudadano Nacional del Feminicidio"*, constituido por 49 organizaciones autónomas, en dicho país una mujer es asesinada o secuestrada cada cuatro horas. Conviene recordar que, actualmente, hay más de 3 mil desaparecidas. Ateniéndonos a las cuentas del *Inegi*

*(Sistema de Cuentas Nacionales de México)*, entre los años 2007 y 2016 fueron asesinadas 22.482 mujeres en todo el país. En 2017, los primeros seis meses hubo 914 asesinadas. El *Observatorio Ciudadano Nacional del Feminicidio* (OCNF) calcula que, de entre todas estas muertes, al menos el 49% de ellas se encuadran dentro de la mal llamada *"Violencia de Género"*.

¿Alguno conocéis El Salvador? Dicha república, que cuenta con una población aproximada de 7 millones de habitantes, es un lugar muy peligroso para nacer siendo mujer. Solo en 2016 hubo 524 asesinadas en el país. El año 2017 no fue mejor. Hubo 3.605 asesinatos registrados y, de entre todos ellos, al menos 429 fueron etiquetados como *"Violencia de Género"*.

La República de Honduras, vecina de El Salvador, también sufre una preocupante ola de asesinatos. Con más de 9 millones de habitantes, registra una tasa de 15 asesinatos diarios. En lo que respecta a la violencia contra las mujeres, en 2016 fueron reportadas 468 muertes y en el año 2017 unas 388.

¿Y qué es lo que sucede en la Bolivia socialista de Evo Morales? Solo entre enero y marzo de este año 2018, se registraron 28 asesinatos y 4.600 reportes de violencia contra las mujeres. También convendría recalcar que, en todo 2017, se cometieron 109 crímenes atribuidos a la *"Violencia Machista"*.

Brasil, con una población que ronda los 208.385.000 de habitantes y que posee una extensión de 8.515.770 de kilómetros cuadrados, tiene uno de los índices de violencia más alto de todos los países de América Latina. Para que os hagáis una idea de cómo es la situación que allí se vive, os diré que la tasa de homicidios en Brasil es 30 veces superior a la del país más violento de la Unión Europea. Todos los años se registran más de 60.000 asesinatos, debido a la incapacidad del estado brasileño para devolver la paz y el orden a las calles. La mal llamada "*Violencia de Género*" también es un mal endémico de la nación carioca. En Brasil se registran un promedio de 12 homicidios de mujeres al día, según estadísticas publicadas por el diario "*O Globo*". Pero hay más. En 2017 se registraron 4.473 homicidios dolosos contra mujeres. De ellos, 946 fueron considerados como: "*crímenes atribuidos a razones de género*".

En el oscuro y miserable Haití la situación es igual de pésima. Esta pequeña nación antillana está densamente poblada: casi 11 millones de habitantes, repartidos en una superficie de apenas 27.750 km². El desempleo alcanza al 70% de su población y las muertes violentas nunca descienden de los 1000 asesinados por año. 3 de cada 10 mujeres en Haití han sufrido violencia física en algún momento de sus vidas, y el 13% ha sido víctima de abusos sexuales.

Únicamente el estado fallido de Venezuela consigue igualar a Brasil o Haití en barbarismo. Esta república bolivariana supera los 31 millones de habitantes y posee unas tasas de muertes violentas que nada tienen que envidiar a las brasileñas. Es decir, se producen 89 muertes violentas por cada 100.000 habitantes; lo que da como resultado la aterradora cifra de 26.616 asesinados al año (*datos del 2017*). El "*Observatorio Venezolano de los Derechos Humanos de las Mujeres*" sitúa a dicha nación, la favorita de los podemitas españoles, entre los 15 países con más "*feminicidios*" del mundo. 4 de cada 10 mujeres venezolanas son víctimas de algún tipo de violencia, lo cual nos deja 336 asesinadas al año (*2016*).

Expuestos los datos, teoricemos sobre los motivos de esta sangría. A diferencia de lo que ocurre en la envejecida y pusilánime Europa, a los varones latinoamericanos se les anima a llevar una vida violenta para demostrar que son: "*Verdaderos hombres*". ¿Acaso no habéis notado la diferencia de actitud ante los problemas de la vida cotidiana, que tienen nuestros amanerados jóvenes y los atezados muchachos que han llegado a Europa desde el otro lado del océano Atlántico? Son como el día y la noche. Los primeros tienden a representar el papel de víctimas y los segundos, envalentonados por la seguridad que da el hecho de pertenecer a alguna banda juvenil *(Ñetas, Mara Salvatrucha, Latin Kings, Dominican Don´t Play…)*; encarnan el papel de salvajes y violentos depredadores.

Que los mismos adolescentes latinoamericanos que no cumplen las más nimias normas de civismo, trasladen su mal comportamiento al ámbito familiar; es algo totalmente predecible. Durante toda su vida se les ha orientado, hacia la construcción de una personalidad dominante; con lo cual, el exhibir características consideradas femeninas *(diálogo de palabras y no de puños)* se considera indeseable, si se quiere mantener intacta la propia imagen social. Este ambiente fuertemente coercitivo, el cual limita la expresión pública del verdadero yo del individuo; produce graves casos de neurosis, que terminan generando respuestas violentas.

El clima de sangrienta violencia que se da en las naciones centro y sudamericanas afecta tanto a hombres como a mujeres. Todas las relaciones social/amorosas que se dan entre personas del mismo o distinto género, están marcadas por un "*cliché genérico*" que las vuelve tóxicas. Es por eso que muchos hombres humillados, abusados o maltratados por sus parejas femeninas se callan; puesto que, a ojos de una sociedad violenta y poco empática, quedarían como individuos emasculados. ¿Qué supondría dicha adjetivación? La estigmatización pública de por vida. Y también tenemos el caso contrario. Cuando los hombres no saben lidiar con el no de sus parejas o los problemas de la vida diaria los sobrepasan, recurren a la violencia. ¿Por qué? Pues porque expresar sus sentimientos e incluso llorar para liberar la carga interior que los aplasta, los haría ser vistos como afeminados.

El control social que ejerce el machismo en las culturas mestizas del continente americano, castiga cualquier comportamiento que se considere poco matón o feroz. El temor a convertirse en el hazmerreír de sus vecinos, el miedo a no representar como deberían el papel de hombres, la presión que supone el no poder aparentar que se ejerce el control, el ser incapaz de demostrar que eres quien lleva los pantalones, que ejerces el rol dominante y no el de dominado; aumenta las probabilidades de que el individuo en cuestión materialice una respuesta violenta, ante la más mínima provocación.

A modo de pequeño resumen de lo anteriormente expuesto:


- **Violencia de Género contra hombres invisibilizada**: *Las mujeres agreden a sus parejas o las menosprecian por tener comportamientos típicos de "mujeres" o ser demasiado "afeminados". El hombre latinoamericano suele callar por miedo o por vergüenza, pues se espera de él que sea el "macho de la manada".*

- **Inteligencia emocional castrada**: *A los varones se les obliga desde pequeños, ya sea en el ámbito del hogar o en el propio microcosmos que conforman sus barriadas, a no expresar de una manera abierta y natural sus emociones. Todo hombre debe callarse, negando sus sentimientos; pues respuestas* *emocionales como: llorar, tener miedo o sentirse inseguro no son bien vistas por el conjunto de la sociedad.*

- **Toxicidad amoroso/afectiva:** *Tantas trabas y normas no escritas en lo que respecta a la conducta que deben seguir los varones hispano-luso-americanos, impide que las relaciones de pareja se lleven a cabo de una forma sana y equilibrada.*

Comparando la situación de las mujeres blancas y europeas con la de sus semejantes *"latinoamericanas",* comprobamos que las primeras gozan de una serie de privilegios de los que carecen las segundas. Incluso así, las asociaciones feministas occidentales repiten sin cesar que:

*"La mujer europea vive esclavizada por el malvado hombre blanco".*

Parece que las 50 mujeres fallecidas en España, muchas por causas ajenas a la mal llamada *"Violencia de Género"*, importan más que las 946 asesinadas en Brasil o las 336 de Venezuela. Las feministas nunca dejan que la realidad les estropee un buen titular y, pese a que las mujeres blancas occidentales son los seres con más derechos y prebendas del planeta, siempre se otorgarán el papel principal de eternas víctimas.

Antes de pasar a examinar en bloque a otra sociedad para nada machista y misógina, hablo del mundo islámico, recalcaré las regalías y concesiones que se le otorga a toda occidental (*Discriminación Positiva*) por el mero hecho de ser mujer:

> *Entidades públicas que se ocupan solo de los problemas femeninos.*

> *Cuotas de género para trabajar en la administración pública, teniendo siempre primacía la mujer sobre un hombre con mejor currículum.*

> *Políticas obligatorias de cuotas en empresas privadas.*

> *Subvenciones para la contratación de mujeres.*

> *Ayudas para los autónomos que sean mujeres.*

> *Espacios públicos exclusivos.*

> *Concesión, instantánea, de la custodia de los hijos en caso de divorcio.*

> *Uso de la vivienda familiar para la mujer, aunque dicha vivienda fuese comprada o alquilada antes de dar comienzo la relación.*

> *Encarcelamiento del varón, sin juicio previo, solo por la mera denuncia de su pareja o expareja.*

> *Gratuidad de los estudios universitarios si se presenta una denuncia por Violencia de Género.*

> *Delitos considerados de mayor grado si los perpetra un hombre en lugar de una mujer.*

> *Reconocimiento oficial como autoridad "especial", lo cual les otorga presunción de veracidad en caso de conflicto legal.*

Sorprende que todo esto sea posible en Occidente, patria de los malvados hombres blancos. Caso digno de mención es el matriarcado del Reino España; en el cual, las leyes de "*Género*" prevalecen sobre su propia constitución. El hombre en este país es un ciudadano de segunda, un cero a la izquierda, pese a que el artículo 14 de la Constitución Española dice lo siguiente:

*"Los españoles son iguales ante la ley, sin que pueda prevalecer discriminación alguna por razón de nacimiento, raza, sexo, religión, opinión o cualquier otra condición o circunstancia personal o social".*

Ahora os pregunto: ¿pensáis que dicho artículo se aplica realmente? ¿Cómo se puede garantizar el ser iguales ante la ley, mientras se fomenta la discriminación positiva? ¿Por qué las feministas siguen diciendo que la sociedad española es machista, cuando la realidad social y jurídica demuestra todo lo contrario? Y voy más allá, ¿por qué estas mismas feministas, las cuales se indignan por un simple piropo callejero; no dicen nada sobre los casos de lapidaciones o matrimonios forzados que suceden al sur del Mar Mediterráneo?

*"Y no os caséis con las idólatras hasta que crean. Una esclava creyente es mejor que una mujer libre idólatra, aunque ésta os guste más. Y no caséis a vuestras mujeres con los idólatras, hasta que éstos crean".*
(Al Báqarah-221, Sura La vaca verso-221)

Las rabiosas feministas blancas occidentales, enemigas del malvado patriarcado blanco heterosexual, os dirán que la mujer es respetada en los países musulmanes, que el Islam es feminista y que llevar el burka o el nicab es un acto de empoderamiento femenino. Los medios de desinformación masiva también se encargan de transmitir el mismo mantra:

*"El islam es igualitario".*

Decir que las mujeres musulmanas están oprimidas, tanto por su cultura como por su religión, supone que te etiqueten de *"racista e islamófobo"*. Parece que, a diferencia de las privilegiadas y victimistas féminas occidentales de clase media/alta, las mujeres musulmanas no son víctimas del *"Patriarcado Islámico"*. Para justificar este absurdo, las feministas recurren a la raza y a la colonización cultural. Esgrimen que el pensamiento o mentalidad machista dentro de la órbita de influencia islámica, se debe a la herencia colonial dejada por los europeos. Tiene su lógica. Siempre será más fácil y creíble culpar al malvado hombre blanco, que admitir los propios errores.

Las enseñanzas del Corán son incompatibles con el feminismo. Cualquier persona que tenga un conocimiento mínimo del Islam, sabe que esto es cierto. Las estructuras patriarcales que existen en las sociedades de mayoría árabe y musulmana, no han sido creadas por el malvado hombre blanco. Por ejemplo, las mujeres en el Islam no tienen derecho a hacer su propia lectura o interpretación de las enseñanzas del Profeta. Son los sectores patriarcales del mundo islámico quienes tienen el monopolio de la interpretación. Ellos deciden de qué temas se puede hablar y de cuáles no.

Antes os mencioné algunos de los privilegios de los que goza cualquier fémina occidental, y ahora haré lo propio con la mujer musulmana. Veamos cuán libres son en sus países de origen:

> ➤ *Su testimonio en un juicio vale la mitad que el de un hombre.*
> ➤ *La Sharía permite la ejecución de la adúltera, normalmente por lapidación.*

> *Las mujeres no pueden casarse con un no musulmán. En cambio, el hombre musulmán no tiene impedimento alguno para casarse con una "infiel".*
> *Deben aguantar que su marido pueda tener varias esposas.*
> *El hombre tiene derecho a aplicarles castigos físicos.*
> *Su libertad de movimiento está supeditada a la opinión del marido.*
> *No pueden viajar, ni abrir una cuenta bancaria, sin la autorización de un tutor legal (hombre).*
> *Las mujeres reciben menor cantidad de herencia que sus hermanos varones.*

Repito, esto no sucede en el opresivo patriarcado occidental. Dichas normas político-sociales son patrimonio exclusivo del feminista y progresista mundo islámico.

*"Los hombres tienen autoridad sobre las mujeres en virtud de la preferencia que Alá ha dado a unos más que a otros y de los bienes que gastan. Las mujeres virtuosas son devotas y cuidan, en ausencia de sus maridos, de lo que Alá manda que cuiden. ¡Amonestad a aquellas de quienes temáis que se rebelen, dejadlas solas en el lecho, reprendedlas! Si os obedecen, no os metáis más con ellas. Alá es excelso, grande".*
("Las mujeres", versículo 4:34 de la Surah 4)

Por más que traten de negarlo, la mujer musulmana no es objeto de sí misma. Si las activistas feministas blancas soltaran sus incendiarias proclamas en Somalia o Mauritania, en lugar de España o Francia, las asesinarían de inmediato. Existen infinitud de casos documentados, silenciados por los medios de desinformación masiva, sobre la violencia física que se ejerce contra las mujeres en nombre del Islam. Las feministas europeas o norteamericanas prefieren cerrar los ojos frente a la amenaza islamista, pues la realidad niega el mensaje que tratan de vender al abotagado público. Su ceguera voluntaria es la que permite que las mujeres de los países musulmanes, sigan siendo ciudadanas de segunda.

Las normas que rigen la vida de la mujer y su entorno durante la menstruación, sirven para ilustrar la diferencia de trato que se les da en Occidente y en los países de la órbita musulmana. Por ejemplo, es *"haram"* (*palabra árabe que significa prohibido*) que una mujer que esté menstruando realice las oraciones; tanto obligatorias como voluntarias. Además, de llegar a realizarlas no serían válidas. Solo cuando está pura, puede realizar una *"rak'a"* (*serie de posturas que se realizan cuando se hace la salâ*) completa; aunque antes deberá hacer la *"oración nocturna del Magrib"*, si no completó el rezo antes de la llegada de la menstruación. En el caso de que su menstruación terminara antes de la salida del sol; si la mujer quiere purificarse, deberá hacer la *"oración del Fayr"*.

*"Dejad ir a la plegaria a las niñas que han alcanzado la pubertad, a las mujeres maduras que se cubren y a las mujeres que no menstrúan. Que den testimonio y supliquen por los creyentes. Pero las mujeres que menstrúan, que se alejen del lugar de la oración".*

Sigamos con más prohibiciones. La mujer que esté menstruando, no debe permanecer en la mezquita. Con respecto a que pueda leer el

Corán, solo es admisible si ella lo mira y lo lee en silencio. Pero no está permitido que lo recite en voz alta, tal y como indican los eruditos Al-Bujari, Ibn Jarir, al-Tabari e Ibn al-Mundi.

*"Ninguna mujer menstruando o persona que esté en impureza mayor, debe recitar cualquier parte del Corán".*
(hadiz débil)

Existen algunas excepciones al respecto:

1. *Que la mujer tenga necesidad apremiante de hacerlo.*
2. *Que sea una profesora que esté enseñando a sus alumnas.*
3. *Que en el caso de un examen, la estudiante deba recitarlo con el fin de ser examinada.*

*"Nosotras solíamos menstruar durante el tiempo de vida del Mensajero de Allah. Él solía ordenarnos que compensáramos los días perdidos de ayuno y no que compensásemos las oraciones perdidas".*
(Hadiz de Aa'ishah)

Es haram que una mujer menstruando ayune (*sea un ayuno obligatorio o voluntario*), pues no es válido si lo hace. Debido a ello, debe compensar todos los ayunos obligatorios que no pueda realizar. El ayuno también queda invalidado, si a la mujer le llega la menstruación en ese momento. Solo si el *"ciclo"* le llegó antes del Magrib, pero no le salió sangre hasta después de la puesta del sol; su ayuno será considerado completo.

*"Haz todo lo que los peregrinos hacen, pero no circunvales la Casa hasta que te purifiques".*

A las mujeres tampoco les es permitido la circunvalación (*Tawaf*) alrededor de la Ka'aba en periodo de impureza. Es haram dicha acción, independientemente de si es obligatoria o voluntaria.

*"Si te preguntan acerca de la menstruación di: es una impureza. Absteneos, no mantengáis relaciones con ellas hasta que dejen de menstruar; y cuando se hayan purificado, hacedlo como Allah os ha permitido. Ciertamente, Allah ama a los que se arrepienten y purifican".*
(Al-Baqarah 2:222)

Los musulmanes también consideran haram, el tener relaciones *"por la vagina"* con una fémina que menstrua. Solo es permisible para el hombre que quiera satisfacer sus deseos carnales el besar y tocar en la intimidad a sus mujeres, sin llegar a consumar; pues la zona que está entre el ombligo y la rodilla les es prohibida mientras sus esposas sean impuras.

*"¡Oh, Profeta! Cuando divorciéis a las mujeres, hacedlo fuera del ciclo menstrual. Respetad bien los días de ese período y temed a Allah, vuestro Señor".*
(al-Talaaq 65:1)

La separación de los cónyuges en el mundo musulmán no es tan sencilla como en Occidente. Por ejemplo, para que se complete el divorcio ha de haber primero un período de espera (*iddah*). Al hombre musulmán no le es permitido el poder divorciarse de su mujer mientras menstrua. En cambio, sí es lícito que se divorcie si está embarazada o todavía se mantiene pura (*nunca ha mantenido relaciones sexuales*). ¿Por qué no puede divorciarse por culpa del ciclo femenino? Pues porque la sangre menstrual impide iniciar la iddah, lo cual es haram.

Únicamente existen tres casos en los que sí se puede hacer una excepción, con la prohibición de divorciarse de una mujer durante su menstruación:

1. *El divorcio es admisible si se produce antes de haber pasado tiempo a solas o si no ha habido tocamientos.*
2. *Cuando la menstruación se produce durante el embarazo.*
3. *Si el divorcio se lleva a cabo a cambio de una compensación de tierras o monetaria.*

Una vez aceptado el divorcio, la mujer debe cumplir los preceptos impuestos por el "*Juicio del Iddah*":

- *Las mujeres divorciadas deben esperar durante tres períodos menstruales para volverse a casar.*
- *La iddah de una embarazada dura hasta que termina su embarazo.*
- *Cuando una mujer no menstrúa porque ha llegado a la menopausia, su iddah es de tres meses.*
- *Si una mujer deja de menstruar como consecuencia de alguna enfermedad, deberá respetar la iddah hasta que regrese la regla. Si el período no regresa nunca, debe cumplir el iddah por un año completo.*

*¡Oh, creyentes! Si os casáis con las creyentes y luego os divorciáis de ellas antes de haberlas tocado, no deberán ellas aguardar ningún plazo para volver a casarse. Divorciadlas en buenos términos.*
(al-Ahzaab 33:49)

Seguramente, a muchos de los que estéis leyendo mi libro en estos momentos, os sorprendan los datos y citas que he expuesto. Es lógico, en Occidente tratan de vendernos que *"el Islam es feminista"*. Por eso, no pueden permitir que se publiquen artículos demostrando lo contrario. Los malvados hombres blancos somos injustamente tratados, incluso silenciados, cuando son otros los que ejercen una opresión real sobre el género femenino. La dictadura feminista en Occidente es muy comprensiva con los individuos varones de otras razas. A ellos no se les castiga o estigmatiza por llevar a cabo una serie de acciones amorales, por las que sí se castigaría a un malvado hombre blanco. La supuesta sociedad igualitaria que nos tratan de vender los progres, ha terminado por convertir a los malvados hombres blancos en el sexo débil; el último eslabón de la cadena.

Los malvados hombres blancos son los únicos que deben cuidar todo lo que dicen, por temor a poder ofender a las poderosas *"minorías"* o grupos de presión. El feminismo los ha obligado a quedarse callados, bajo el falso pretexto de que: *"Aprenderán más sobre las cuestiones de género".* A las feministas no les importa lo que nosotros tengamos que decir, solo quieren que nos avergoncemos de ser hombres blancos. Nos responsabilizan de generar problemas sistémicos, a los que no hemos contribuido necesariamente. Por ser hombres blancos, nos adjudican privilegios de nacimiento; aunque nunca hayamos disfrutado de esos mismos privilegios. Por ser hombres blancos, nos acusan de odiar a las mujeres; cuando nosotros no las consideramos *"impuras"* por tener la menstruación.

Lo único que hacen las feministas es focalizar su discurso en el género y la raza, buscando atizar a su chivo expiatorio favorito (*nosotros*). Cuando descubren que son otros pueblos o entidades étnicas los que oprimen a las mujeres, pasan de puntillas por el asunto en cuestión; pues la realidad no se amolda a su discurso criminalizador. Si el opresor no es un malvado hombre blanco, dicha opresión les importa un comino. La violencia contra los niños y las mujeres es un problema endémico en toda Asia, pero nadie habla de ello en el corrupto y decadente matriarcado occidental. Por ejemplo, el feminicidio selectivo en la India ha provocado durante las últimas tres décadas más de 12 millones de abortos. Aunque lleguen a nacer, las niñas tienen entre un 30% y 50% más de probabilidades de morir que los niños. India concentra también el 40% de los matrimonios infantiles de todo el mundo. Los asesinatos por honor o los linchamientos de mujeres acusadas de ser brujas, son el pan de cada día en dicho país asiático. Cada año también suelen ser asesinadas 8.000 mujeres, debido a disputas por dote. La violencia sexual es otra plaga oculta en la India, pues suele darse dentro del ámbito familiar o entre conocidos. La mayoría de las mujeres que la sufren no se atreven a denunciar, por temor a quedar estigmatizadas públicamente. Solo durante el 2015, se registraron oficialmente más de 34.000 violaciones según el Ministerio del Interior indio.

Tener la regla es otro de los problemas a los que deben enfrentarse las mujeres de la India, pues la gran mayoría de ellas no tiene acceso a productos de higiene íntima. Tan solo el 12% usa compresas mientras que el otro 88% utiliza tela vieja, virutas de madera, plásticos y hojas secas.

Dependiendo de la casta a la que pertenezcas, te puede suceder lo siguiente:

*"Las madres recientes o las mujeres con la menstruación son recluidas en una choza por impuras a ojos de su familia, comunidad y dioses".*

Pues bien, el motivo de este apartheid de género se debe a la falsa creencia de que las mujeres con la menstruación y las que acaban de dar a luz contaminan. No les está permitido salir a la calle, trabajar en los campos o ir a comprar. Ni su marido o familiares pueden tocarlas pues los contaminarían inmediatamente. ¿Os suena de algo esto que os estoy contando? ¿Veis alguna similitud entre este tipo de discriminación y la que se da en el mundo musulmán?

Ser una mujer y pertenecer a la casta Dalit (*Paria*), es lo peor que te puede pasar en la India. Ni las mujeres Kadugolla sufren un destino tan miserable. Quizás, los Adivasi sean los únicos que conocen y sufren las mismas miserias que *"los Intocables"*. Ser una fémina Dalit significa estar en lo más bajo de la pirámide. Ya sean hombres o mujeres, los Intocables no tienen derecho al acceso a la salud, la educación, poseer tierras o viviendas. Ni siquiera las leyes protegen su integridad física, al no ser considerados ciudadanos indios. Esto explica que, cada día, 4 mujeres o niñas Dalit sean víctimas de abusos sexuales.

En el vecino Pakistán la situación no es mucho mejor. Solo en 2015, 1.100 mujeres fueron asesinadas. El drama de la violencia de género que se vive en el país, raras veces llega a escucharse en Occidente; pese a que los ataques con ácido y aceite de queroseno han ido en aumento (*60%*). Más de 4 millones de mujeres han sufrido y sufren por las quemaduras producidas por pretendientes despechados, familiares no conformes con la dote dada o maridos violentos. Quiero poner nombre a alguno de estos casos; pues pretendo mostraros la realidad que viven las mujeres pakistaníes, que han sido víctimas de ataques de ácido o de otro tipo de violencias. Las empoderadas feministas occidentales, casi todas ellas blancas y de clase media/alta, nunca tendrán que ver como sus cuerpos y rostros son desfigurados por el verdadero odio machista. Tampoco les prestarán su voz a las mujeres sin voz; puesto que no quieren escuchar, lo que las verdaderas víctimas tienen que decir.

Víctimas como Kanwal Kayun, de 26 años, rociada con ácido tras divorciarse de su expareja. A Najaf Sultana fue su propio padre el que la dejó ciega y con el rostro desfigurado. A Nalia Farhat la atacó con ácido un vecino al que había rechazado. Shammen Akhter fue violada por tres hombres, los cuales le vertieron ácido encima. Irum Saeed fue desfigurada con ácido a los 18 años, por el mismo joven al que había rechazado. A Saira Liaqat fue su propio marido el que la marcó de por vida, a la edad de 15 años, al no estar de acuerdo con que terminara los estudios. La madre y el hermano de Zeenat Rafiq la quemaron viva por casarse con quien ella quiso.

Podría seguir contando dramas, dando a conocer nombres e historias, sacando a la luz los trapos sucios de una sociedad violenta y misógina. Son tantas las mujeres y niñas que viven oprimidas en Pakistán que, casos como los anteriormente mencionados, parecen no acabarse nunca. Resulta insultante que en España los podridos medios de desinformación masiva denuncien los superfluos dramas de burguesas tales como: Leticia Dolera, Barbijaputa, Ana Pardo de Vera o Irantxu Varela; mientras ignoran lo que les está sucediendo a las mujeres pakistaníes. Aunque, supongo, que es cuestión de prioridades. Si no eres mujer, occidental, feminista y con alto poder adquisitivo no le interesarás a la prensa.

Lo que vende, es decir: *"lo que genera dinero"*, es criticar y atacar al malvado hombre blanco. Las subvenciones no se dan por contar la verdad, sino por ajustar tramposamente la realidad al discurso oficial. Todo aquello que se salga del mantra: *"el heteropatriarcado blanco nos oprime"*, es desechado. Es por eso que, verdaderos feminicidios como el del: *"hijo único (varón) en China"* han sido totalmente ignorados por las feministas occidentales. La ley de "*un solo hijo*" (*abolida en teoría*) que implantó el Partido Comunista Chino, la cual obligaba a las parejas a tener un solo descendiente; tuvo efectos devastadores en la sociedad. Los abortos selectivos femeninos dieron como resultado el envejecimiento prematuro de la población. También disminuyó la fuerza de trabajo disponible y se generó un desequilibrio entre la proporción de hombres y mujeres.

La regla de un solo hijo fue establecida el 25 de septiembre de 1980, cuando la alta tasa de fecundidad era de 5,9 hijos por mujer. Las autoridades chinas ejercieron su férreo control natalicio con enfermiza eficacia durante años. Las esterilizaciones forzadas y la anticoncepción obligatoria consiguieron disminuir el número de embarazos.

Aun así, las pocas mujeres que se quedaron en cinta sin el permiso del todopoderoso Partido Comunista fueron arrancadas de sus hogares, para ser conducidas a la mesa de operaciones. Los métodos de las autoridades comunistas eran tan violentos e inhumanos que, en la gran mayoría de las ocasiones, las propias madres también terminaban siendo asesinadas (*junto con sus vástagos*) para no dejar pruebas. Aquellas que sobrevivieron a los abortos forzados, nunca volvieron a ser las mismas. La mayoría desarrollaron enfermedades mentales o directamente se suicidaron. Por cierto, quisiera recordaros que China tiene una de las tasas de suicidio más altas del mundo.

La política de un solo hijo generó, y sigue generando hoy en día, enormes ganancias para los miembros del Partido Comunista Chino. El sistema de cuotas y multas para aquellos que transgredían la ley, llenó los bolsillos de los sátrapas del politburó. Desde 1980 han conseguido recaudar con sus multas aleatorias, las cuales suelen superar el salario anual de un trabajador chino, más de 314 millones de dólares. Parte de ese dinero se utilizó para pagar a su vasta red de espías, los cuales siguen repartidos por todo el país. La función de estos chivatos consistía en informar acerca de las mujeres que pudieran estar embarazadas ilegalmente. También se encargaban de denunciar a los vecinos, amigos o familiares que estuviesen en conocimiento de dicho embarazo. El miedo y la presión lograron que pocos se arriesgaran a ayudar a una proscrita.

La política del hijo único representa el experimento de ingeniería social más grande y cruel de la historia. El totalitarismo gubernamental, las estructuras coercitivas utilizadas para aplastar a los disidentes o el aborto masivo y obligatorio de bebés hembra dan fe de ello. Y, pese a todo, ninguno de los ejecutores de este plan será juzgado nunca. ¿Por qué? Porque el gobierno comunista chino tiene poderosos aliados en Occidente: partidos políticos, ONGs progres y asociaciones feministas.

Las feministas occidentales, especialmente las charos españolas, están demasiado ocupadas denunciando los "*micromachismos*" que padecen. ¿Y qué son los micromachismos exactamente?

- **Micromachismos:** *Pequeños gestos o comentarios machistas que a menudo pasan totalmente inadvertidos para el emisor de los mismos, por vivir inmerso en una cultura heteropatriarcal.*

Me gustaría profundizar un poco más en este tema, para que os deis cuenta del despropósito que supone esta supuesta lucha. Las mismas feministas occidentales que callan con los abortos obligatorios chinos o con los ataques de ácido en Pakistán, persiguen y estigmatizan al malvado hombre blanco por estos "*atroces*" micromachismos:

➢ *Que una mujer se encargue de realizar las tareas del hogar.*

➢ *Conducir siendo hombre mientras la mujer va de copiloto.*

➢ *Realizar el siguiente comentario humorístico: "estoy de niñera", cuando cuidas de tus hijos.*

➢ *No dejar que tu hijo lleve coletas o tiaras.*

➢ *No adoctrinar a tu hijo en el feminismo.*

➢ *Preguntar a tu hija si tiene novio.*

➢ *Hablar de coches o deportes con otros hombres.*

➢ *Jugar al fútbol con tus compañeros hombres.*

➢ *Hacer socio de un equipo de futbol a tu hijo.*

➢ *Explicarle algo a una mujer siendo hombre.*

➢ *Invitar a una mujer a la cena o a una copa.*

➢ *Llamar "guapa" a una desconocida.*

➢ *Que una mujer malhablada y masculina no te resulte atractiva.*

➢ *Comentar a una mujer que su ropa es "sexy".*

➢ *Tratar de que tu pareja te practique sexo oral.*

➢ *Estar orgulloso de tu heterosexualidad.*

Como no son víctimas de nada ni de nadie, las feministas occidentales deben seguir inventándose opresiones para justificar las cuantiosas subvenciones que reciben. Y en el arte de plañir y hacerse las víctimas, son todas unas expertas. Se ha normalizado tanto el culpabilizar de todo al opresor y falocéntrico heteropatriarcado blanco que ya no hace falta ceñirse a la realidad, cuando se denuncia una supuesta opresión. Para las trasnochadas feministas occidentales *"Violencia de Género"* es: Que un hombre blanco te diga *"guapa"* y no que una religión te prohíba rezar cuando tienes la regla. Que tu marido no haga la comida es machismo, pero que un subsahariano tenga tres mujeres es progreso, es poliamor. Su frase preferida para justificar lo injustificable suele ser la siguiente:

*"Es su cultura y debemos respetarla".*

Las feministas occidentales siempre suelen olvidarse de las mujeres africanas. Estas activistas del odio de género, financiadas por el millonario mafioso Soros, ven a las mujeres negras de África como personas inferiores. Sus dramas ni les importan ni tampoco les llaman la atención. ¿Y por qué no les interesan? Pues porque, desde la perspectiva de la típica feminista occidental: *"Denunciar a otros que no sean los malvados hombres blancos, no les genera los mismos beneficios".* De lo que sucede en África poco se sabe en Europa; ni lo bueno ni tampoco lo más malo (*genocidio anti-blanco*). Son muchas las realidades que se viven en los diversos ambientes del continente, pero todas ellas comparten algo en común: "*el machismo*". Las mujeres africanas son sujetos pasivos de su destino, al igual que las mujeres árabes.

La "*zona negra*" es la que tiene un mayor índice de violencia contra las mujeres. Según la información dada por la "*Conferencia Internacional sobre los Niños en África*": *9 de cada 10 menores de la cetrina África subsahariana han sufrido algún tipo de abuso.* Por ejemplo, el 99% de las niñas en Kenia y el 94% de las de Uganda han sido víctimas de malos tratos. En Etiopía, las principales víctimas de esta lacra son las niñas menores de cinco años. En Nigeria, un 8% de las niñas que trabajan limpiando casas han sufrido abusos sexuales por parte de sus empleadores. Conviene recalcar que los índices de Sida en dicha región (*Nigeria*), también son más altos entre las adolescentes. Ahora os toca a vosotros imaginaros el por qué.

La mutilación genital, de la que tan poco se habla en Europa, es otro tipo de violencia que se da contra las mujeres africanas. En Mali, el 97% de las niñas ha sido víctima de esta práctica. Se calcula que, a diario, más de 6 mil niñas sufren la mutilación de sus atributos genitales. Egipto, Djibouti, Guinea Conakry y Somalia concentran el 90% de estos casos. Las condiciones higiénicas en las que se realizan las operaciones son pésimas, como ya os habréis podido imaginar. Por ello, en Sudán, entre un 10% y un 30% de las mujeres muere a causa de las infecciones.

Quisiera profundizar un poco más en el tema de la ablación para daros a conocer qué es, en qué consiste y qué problemas genera tan atroz práctica. La ablación o mutilación genital femenina consiste en extirpar, total o parcialmente, los órganos sexuales externos de la fémina. Cristales, cuchillos y demás utensilios no recomendables para la cirugía son los objetos cortantes que se utilizan para llevarla a cabo. Terminada la carnicería, ya que me niego a llamarla *"operación"*, la anciana que la lleva a cabo suele utilizar espinas de acacia, hilo o crin de caballo para suturar la herida.

Ahora enumeremos las consecuencias que tiene la ablación sobre la salud física y psicológica de sus víctimas:

- ➢ *Dolor crónico en la zona genital.*
- ➢ *Hemorragias continuas.*
- ➢ *Tétanos.*
- ➢ *Infecciones.*
- ➢ *Problemas urinarios.*
- ➢ *Llagas.*
- ➢ *Quistes.*
- ➢ *Esterilidad.*
- ➢ *Vaginismo.*
- ➢ *Dificultades en el parto.*
- ➢ *Muerte.*

Y, pese a todo lo enumerado:

*"La ablación ya se está practicando impunemente en Occidente".*

Nuestros gobiernos se empeñan en ocultar el lado oscuro de la inmigración que llega a Europa. De ahí que, acabar con la mutilación genital femenina en nuestro territorio, no esté entre sus prioridades más inmediatas. Aunque la amputación del clítoris representa: *"la sumisión más absoluta de la mujer hacia el hombre"*, no escucharéis nunca a las feministas occidentales protestar en contra de este acto criminal. Para las feministas la ablación es: *"una práctica cultural y psicológica de los pueblos africanos"*, no un acto machista. Por lo tanto, y siguiendo con su lógica progresista:

*"Criticarla o pedir su erradicación sería un acto de colonialismo cultural blanco".*

¿Os vais dando cuenta ya, por vuestro propio bienestar, de la doble vara de medir que tienen las feministas y sus acólitos? Hoy en día, gracias al lavado cerebral al que nos han sometido, las hordas izquierdistas no ven más allá de la falsa dualidad *hombre/opresor*, la cual acaba derivando en *hombre-blanco/opresor*. La adjetivación del primero de estos elementos no es aleatoria, pues lo *"blanco"* se considera racista, discriminador, excluyente.

Sus dogmas o normas feministas son constructos sociales destinados a sembrar la discordia y la desigualdad en Occidente. Los malvados hombres blancos desencajamos dentro de su distopía. La única diversidad que les gusta, es aquella en la que nosotros no estamos representados. Quieren un Occidente mestizo, en el que todos sus ciudadanos se integren bajo las siglas LGTBI y donde no se reconozca el sexo/género que te sería asignado al nacer; una tierra amoral, débil y enferma.

Ser hombre o mujer no es una construcción social impuesta por el malvado hombre blanco, por más que traten de hacérnoslo creer. Las feministas reniegan de la base biologicista que rige nuestras vidas. ¿Y por qué rechazan lo biológico? Porque es lo natural. No identificarse con ningún género o rechazar el asignado, atenta contra los principios mismos de la madre naturaleza. Las feministas rechazan las diferencias biológicas que puedan darse entre los individuos (*género, raza o edad*), argumentando que: *"Reconocerlas supone aceptar la estratificación social"*. En cambio, cuando tienen que atacar al malvado hombre blanco, sí que hacen uso y mención de esas mismas características distintivas. Sobre una escala de valores opresivos y de dominación las feministas han ido moldeando su falsario discurso para atraer a los colectivos discriminados del momento. Han viciado de tal forma el sistema de relaciones de género, clase y raza que los malvados hombres blancos, de los cuales formo parte, ya no tenemos oportunidad alguna de dar nuestra opinión libremente. Al tiempo que nos culpan de ser los promotores del tiránico sistema económico-social en el que viven (*Patriarcado*), nos excluyen y arrinconan gracias a los privilegios que les otorga ese mismo sistema.

El feminismo es esencial para llevar a cabo la revolución social que termine con Occidente, y nuestros viles enemigos lo saben. Sin el feminismo y los dogmas que van con él de la mano, hubiese sido imposible nuestra degeneración como sociedad. Las instituciones han permitido que se fomentara, bajo el falso pretexto de querer alcanzar la igualdad, la división y desconfianza entre mujeres y hombres.

Bajo la atenta mirada del sistema heteropatriarcal, se ha atacado con inusitada furia a Dios, a la Patria y al Hombre Blanco. En los colegios públicos y privados se adoctrina a nuestras hijas e hijos. Se les enseña a odiar, a discriminar, a señalar a todo aquel que se niegue a aceptar la falsa revolución feminista. Por eso os digo, mis apreciados lectores, que ya está bien de autoflagelarnos por ser *"Malvados Hombres Blancos"*. Dejemos de ser el *"sexo débil"*. No podremos liberarnos, sin antes aplastar la cabeza de la serpiente feminista.

# INMIGRACIÓN Y FRONTERAS

Mientras vosotros estáis leyendo estas líneas, miles de inmigrantes ilegales están violando las fronteras de los países del mal llamado "*Primer Mundo*". Ninguno de los pusilánimes gobiernos occidentales, indistintamente de su color político, se atreve a legislar para poner freno a esta invasión no tan silenciosa. La censura que los medios de desinformación masiva aplican al tema migratorio impide que el pueblo, en el cual está integrado el malvado hombre blanco, sea consciente de la gravedad del problema.

La masiva inmigración regular e irregular que estamos recibiendo, es la manifestación extrema de la disfuncionalidad de este sistema progresista. Ya hace mucho tiempo que los gobernantes europeos, australianos y useños han dejado de aplicar el sentido común a la hora de implementar sus políticas de acogida. El efecto llamada que ha generado la permeabilidad de nuestras fronteras, ha transformado la faz de nuestras ciudades en menos de medio siglo. La sorprendente movilidad internacional de los coloridos pobladores del Tercer Mundo, constituye un fenómeno inquietante; cuyas causas deberíamos estudiar con mayor detenimiento. Este incesante flujo migratorio, cuyo destino es casi siempre Europa, Australia o los EEUU; responde a factores que suelen escapar del entendimiento del ciudadano medio.

La fuga de capital humano del Tercer Mundo se debe, en parte, al escaso control que los gobiernos occidentales ejercen sobre sus permeables fronteras. Las expectativas de obtener ingresos rápidos, gracias a las cuantiosas ayudas que todo migrante recibe al llegar, son otro de los factores de atracción que los anima a proseguir con su éxodo masivo. La explosión demográfica en sus países de origen, Nigeria cuenta con una población de 192 millones de personas, es otro factor de empuje que debemos tener en cuenta. Aun así, existe un cuarto factor oculto y subversivo del que casi nadie habla cuando tratamos el problema migratorio: *"el Plan Kalergi"*; sobre el cual ya os informé en mi censurado libro *"Racismo, Inmigración y Refugiados: la gran conspiración antieuropea"*.

Gracias a la corrupción de los países emisores e intermediarios, la pulsión invasiva ha adquirido tanta intensidad que parece que ya no exista valla, ley o cárcel que consiga frenarla. Los sátrapas de las repúblicas/monarquías bananeras/datileras que comparten frontera con el Primer Mundo, son plenamente conscientes de ello. Ganan mucho más operando fuera del control de las reglas del juego, que respetando los acuerdos firmados con el malvado hombre blanco. Además saben que si los afeminados árbitros occidentales les pillan haciendo trampa, no sufrirán castigo alguno.

Cuando antes nos demos cuenta de que no compartimos ningún interés común con ellos, y que esto mismo es recíproco, antes también seremos capaces de poner coto a su deslealtad. El problema reside en el hecho de que ninguno de nuestros gobernantes, tan progresistas y democráticos ellos, parece estar dispuesto a plantar cara a los cetrinos malhechores que nos apuñalan por la espalda. Debemos dar a conocer las problemáticas que generan las políticas migratorias que padecemos, exponiendo claramente las consecuencias ocasionadas por los flujos migratorios en el ámbito económico y también social, para contrarrestar los mantras buenistas que el sistema ha conseguido implantar entre el aborregado pueblo occidental. En este análisis es fundamental la perspectiva geográfica y temporal; pues esta invasión, no tan silenciosa, no afecta por igual a todos los territorios.

Para empezar, hablemos de lo que interesa: *"Don Dinero"*. El tema del bolsillo sí que nos afecta a todos por igual. La renta per cápita de un país desarrollado suele disminuir (a *medio/largo plazo*), según van aumentando masivamente las bocas improductivas a las que se tiene que alimentar. Pese a las evidencias existentes que confirman esta realidad, pocas son las personas que se atreven a poner en duda los supuestos beneficios económicos que los inmigrantes traen a las sociedades que los reciben. ¿Causa? El miedo a ser etiquetados de *"racistas y xenófobos"*.

Es cierto que los inmigrantes con baja cualificación, que son la gran mayoría de los que llegan a Occidente, causan un gran quebranto a las arcas públicas. El coste de su formación, alimentación, alojamiento y atención sanitaria siempre suele correr a cargo del país de acogida. Pese a recibirlos en plena edad productiva, no obtenemos ninguna ganancia como sociedad de su fuerza/trabajo. No obstante, aunque ellos mismos quisiesen incorporarse al mercado laboral, les resultaría casi imposible el lograrlo. ¿Por qué? Por lo siguiente: *"Las tasas de paro para personas sin ningún tipo de especialización son muy altas"*. Por lo tanto, lo quieran o no, van a terminar viviendo parasitariamente de las cuantiosas ayudas públicas que los políticos occidentales crean para ellos.

No deja de ser curioso que durante las últimas décadas, en cambio, los medios del sistema nos hayan tratado de vender otra realidad. ¿Cuál? La de que necesitamos contar con mano de obra extranjera, para que crezca nuestra economía. También nos han contado, insistentemente, que los extranjeros vienen a desempeñar aquellos empleos que los europeos no quieren. Cualquiera con dos dedos de frente sabe que esto no es cierto, que se trata de una falacia bíblica. Para empezar, es imposible que los ciudadanos europeos rechacen puestos de trabajo remunerados justamente (*sobre todo en España, Rumanía, Portugal, Grecia o Italia*); cuando la obtención de un empleo digno, es lo único que asegura su supervivencia. ¿Por qué? Pues porque los diversos gobiernos occidentales se han encargado, de forma macabra y minuciosa, de que no tengan el derecho ni la oportunidad de acceso a las ayudas públicas; de las cuales sí que disfrutan la población extranjera.

Es un error de proporciones épicas, casi tanto como lo fue el "*Edicto de Caracalla*" (*mediante el cual se extendió la ciudadanía romana a todos los habitantes libres del Imperio*); el permitir la entrada de miles de individuos, sin tener en cuenta el desequilibro que generan entre los puestos ofertados y demandados. Dejar pasar a todo tipo de inmigrantes (*cualificados y no cualificados*), únicamente sirve para incrementar la demanda total de ayudas y servicios; a falta de puestos de trabajo que ocupar. Los gobiernos occidentales tienen la capacidad de seleccionar el número de personas que necesita su economía, pero no se molestan en obtener la información suficiente para saber qué trabajadores precisa el sistema en un momento dado y cuáles no.

Al final, quienes pagamos los platos rotos de esta política migratoria desnortada somos la población nativa. Y, supongo, que vosotros o vuestras familias ya lo habréis empezado a notar.

Los pocos inmigrantes ilegales que consiguen insertarse en el mundo laboral, lo hacen accediendo a puestos no cualificados y mal pagados. Es decir: como esclavos agrícolas, ocupándose de las labores de limpieza en la casa de algún rico o cuidando de personas mayores. La mayoría de estos mismos inmigrantes quisieran aspirar a mejores puestos de trabajo, pero eso es algo totalmente imposible. El sector privado occidental, el cual es el que crea el empleo real y no el subvencionado (*funcionariado*), nunca podrá asimilar a la totalidad de migrantes sin estudios; los cuales arriban de forma masiva a nuestro continente. El balance fiscal es, indiscutiblemente, deficitario para los países receptores; pues se ven obligados a destinar más partidas económicas, a la acogida de estos nuevos ciudadanos (*integración*).

Aquellos que dejan sus países para vivir "*el sueño occidental*", es decir: "*ganar mucho dinero, trabajando poco*"; pasan por un proceso de autoselección que elimina a aquellos individuos más sosegados y menos perezosos. La gran mayoría de los sujetos que aspiran a llegar a Occidente, son jóvenes dispuestos a correr riesgos. Es más, no dudarán en cometer todo tipo de agresiones solo para poder entrar. Quienes deciden emigrar también muestran una menor aceptación del fracaso o la frustración. Por eso, suelen responder de manera excesivamente violenta ante cuestiones cotidianas. Culpar a la sociedad de acogida de todas las cosas que les puedan ir mal, es otro de los "*tics*" que más se repiten entre los migrantes. Lo quieren todo gratis y de inmediato. No entra en sus planes el: "*Ganarse el pan con el sudor de su frente*".

Europa, los EEUU o Australia no son la Tierra Prometida de la que habla el Deuteronomio. Aquí nada es gratis. Conseguir nuestro frágil estado de bienestar nos ha costado sangre, sudor y lágrimas. Los malvados hombres blancos nos hemos esforzado al máximo para construir una sociedad más justa, pacífica y equilibrada. Ninguno de nosotros piensa, que los demás deban hacerse cargo de nuestros gastos. Es más, siempre hemos condenado y señalado a aquellos parásitos que pretenden vivir del sistema. Pues bien, con nuestros exóticos invasores ocurre totalmente lo contrario. Para ellos, Occidente es como el "*Dorado Americano*". No conciben que de tanto exprimir las ubres de la vaca que los alimenta, éstas puedan llegar a secarse. Si han venido aquí es para "*vivir como blancos*", no para "*trabajar como negros*".

Los cooperantes de las ONG´s *(traficantes de personas)* que les dieron las instrucciones en origen, para asaltar nuestras fronteras; son los culpables de que tengan esta visión distorsionada, sobre lo que ocurre en las sociedades occidentales.  Los cooperantes que viajan al Tercer Mundo para impulsar los flujos migratorios, suelen estar conectados con los traficantes de personas que operan en el Mediterráneo. La policía griega ha podido demostrar como 30 miembros de la misma ONG *(ERCI)*, facilitaron la llegada al país de miles de ilegales entre los años 2016 y 2018.

En las islas de Lesbos y Samos estaban los centros de operaciones de esta organización no gubernamental llamada ERCI *(Emergency Response Centre International)*; la cual aparecía a nombre de un potentado empresario naviero. Los miembros del ERCI se encargaban de falsificar documentos públicos, lavar el dinero que traían los "*refugiados*" provenientes de Turquía y también sobornaban a las autoridades locales para que hiciesen la vista gorda. Y todo esto en nombre de la solidaridad, fraternidad e igualdad. También en Grecia detuvieron a tres bomberos españoles de la organización "*ProemAid*" por, siempre según la versión de estos últimos: "*estar salvando la vida de los inmigrantes en las aguas del Egeo*". Junto a ellos fueron detenidos otros dos voluntarios/traficantes daneses. ProemAid habría conseguido colar, en total, a más de 50.000 personas en Europa. El juicio de los activistas españoles se llevó a cabo en Lesbos, punta de lanza para las

ONG´s que trafican con personas. Gracias a la presión que ejerció Bruselas sobre el débil y corrupto gobierno del socialista Tsipras, consiguieron salir impunes.

Otra conocida traficante de personas española es la izquierdista Helena Maleno, miembro de la organización *"Caminando Fronteras"*. Esta supuesta activista está a la espera de ser juzgada en Marruecos por: *"tráfico de personas y pertenencia a organización criminal"*. Helena Maleno se encargaba de coordinar la salida de las pateras o narco lanchas que suelen llegar a las costas españolas, junto con las mafias que operan en el norte del Magreb; a las cuales conoce bien, pues reside en Tánger desde 2007. Maleno sabe que no será condenada nunca, pues cuenta con el respaldo de partidos políticos españoles como Podemos y el Psoe. Además, cabe mencionar que tiene contactos con la propia Casa Real Marroquí.

La ONG *"Proactiva Open Arms"*, cuyo fundador es el siniestro separatista catalán Óscar Camps, es uno de los grupos mafiosos más activos de todos los que operan en el Mediterráneo. La española Anabel Montes es el brazo derecho de Camps. Ella dirige in situ todas las operaciones de trata de personas que llevan a cabo. El gobierno italiano ha intentado varias frenar su actividad ilegal, sobre todo la Fiscalía de Catania, pero Proactiva Open Arms cuenta con aliados acaudalados (*entre ellos Ada Colau y todo el aparato plutocrático de Podemos*); los cuales pagan todas las multas que les imponen. El fragmentado gobierno libio también los considera una organización criminal y tienen prohibido operar en sus aguas, pero, aun así, esta supuesta ONG se salta todas las prohibiciones y condenas que les imponen. ¿Por qué? Porque ganan miles de millones traficando con seres humanos.

Las ricas tierras del malvado hombre blanco no solo son invadidas por pateras o grandes barcos negreros. Por tierra y aire, Occidente se ve asediado. La marabunta humana que asalta sus fronteras parece no tener fin. Por eso, me gustaría relatar la situación de tres naciones distintas; separadas por miles de kilómetros. Os hablaré de las diversas realidades que se viven en Europa, América y Oceanía, y de cómo éstas comparten los mismos problemas. Y es que, la plaga multicultural es un problema que nos atañe a todos.

España es uno de los países que más sufre este asedio continuo, debido a que dos de sus fronteras terrestres (*Ceuta y Melilla*) se encuentran encalladas en el norte de África. Os pondré un ejemplo real, sucedido en el mes de julio *(2018)*. 600 inmigrantes consiguieron entrar a la fuerza en Ceuta tras saltar la valla. ¿Cómo lo lograron? Utilizando cizallas, piedras, palos, lanzallamas y cal viva. ¿Resultado de dicho asalto? 22 Guardias Civiles heridos, algunos de ellos con quemaduras de extrema gravedad. Como apunte llamativo, al menos a mí sí que me lo pareció; os diré que, incluso, llegaron a rociar a los agentes con excrementos y orín. La violencia empleada por los subsaharianos en este asalto masivo a nuestras débiles fronteras, nos demuestra que para nada estamos recibiendo a desamparados y pobres migrantes económicos.

Después del sonado salto del 26 de julio de 2018, el 22 de agosto del mismo año, más de 115 inmigrantes lograron volver a saltar la valla de Ceuta. Los migrantes aprovecharon que las fuerzas marroquíes hacían la vista gorda durante la hora del rezo, para abalanzarse en masa sobre las desprotegidas y desarmadas fuerzas del orden españolas. Este asalto masivo dejó 7 agentes heridos por quemaduras de ácido y cal viva. Es decir, la violencia de los subsaharianos va in crescendo con cada nueva incursión. Casi un mes después de este brutal asedio a la valla fronteriza de Ceuta, la Guardia Civil detuvo a 10 de estos cetrinos subsaharianos (*1 de Togo, 2 de Camerún y 7 de Guinea*) por: "*Pertenencia a organización criminal*". Todos ellos obedecían las órdenes de un exguerrillero togolés, el cual se había adueñado del Centro de Estancia Temporal de Inmigrantes (*CETI*) de Ceuta.

En Melilla la situación no es mucho mejor. Basta con recordar el salto que se produjo a principios de enero de 2018 en dicha ciudad, para comprender la asfixiante presión que están ejerciendo los inmigrantes sobre nuestras fronteras. El día 6 de enero, más de 300 subsaharianos intentaron saltar la valla fronteriza; llegando a conseguirlo 209 de ellos. En su salvaje acometida dejaron herido de gravedad a un Guardia Civil, al cual atacaron con un garfio. Los inmigrantes que lograron colarse, no tardaron en tomar las calles de Melilla al grito de: *¡victoria!* Con dicha marcha/desfile pretendían dejar claro que habían llegado para quedarse, que esa ciudad era suya, que habían conseguido traspasar y conquistar territorio español.

La invasión de las fronteras africanas españolas no solo se lleva a cabo a pie o en patera. Los vehículos a tracción también son utilizados para violar nuestra seguridad fronteriza. En julio de 2018, un coche kamikaze conducido por 2 ciudadanos marroquíes, entró por la frontera de Melilla con 4 inmigrantes en su interior. Dicho vehículo irrumpió en el paso fronterizo de Beni-Enzar, después de saltarse los controles de seguridad de la Policía Nacional y la Guardia Civil. Una vez el vehículo se paró en el casco urbano de Melilla, el conductor y su acompañante lo abandonaron junto con los 4 subsaharianos que transportaban dentro. Dichos subsaharianos estaban ocultos en un doble fondo bajo los asientos traseros y también en el salpicadero. No penséis que se trató de un caso aislado. Un mes después, también fue detenido otro ciudadano marroquí en la frontera de Melilla. ¿Motivo? Llevaba a 2 subsaharianos ocultos en el doble fondo de su coche.

El efecto llamada producido por el atraque de la macro patera del Aquarius, no ha hecho más que acrecentar el problema migratorio en España. Algeciras está a un pequeño paso de convertirse en la nueva Lampedusa del Mediterráneo Occidental. El drama que vive la población española que reside en las costas del Estrecho de Gibraltar es dantesco. Todos los días ven llegar a cientos de personas a sus costas; las cuales han terminado colapsando los escasos Centros de Internamiento de Extranjeros (CIE), los hogares de menores, las comisarías de Policía e incluso los polideportivos cedidos por el propio Ayuntamiento de Algeciras. El flujo migratorio que reciben, parece no tener fin; pues las mafias de la inmigración ilegal han elegido dicha ciudad como puerto de desembarque.

La falta de acuerdos globales entre España y los países originarios de los migrantes hace imposible que estos mismos sean repatriados, una vez pisan el suelo de la Península. Los medios de desinformación masiva se encargan de ocultar el problema. La máxima de: "*Si no sale en la televisión, no existe*"; parece estar funcionándoles. ¿Por qué? Pues porque pocos son los españoles que conocen la cruda realidad que se vive en Algeciras, Ceuta y Melilla. Este tipo de cosas solo pueden suceder en la racista y clasista España, la cual está bajo el yugo del malvado hombre blanco. ¿Pensáis que en cualquier país del África Subsahariana o del Magreb podrían darse casos similares? Yo lo dudo mucho.

Los Estados Unidos son la España del continente americano; pues el flujo de inmigrantes ilegales que atraviesan la frontera sur que dicho país comparte con México, nos demuestra lo peligroso que es ser el vecino rico de algún país del Tercer Mundo. Ni la llegada del controvertido empresario Donald Trump (*otro malvado hombre blanco*) a la Casa Blanca, tras imponerse en las elecciones de 2016 a la siniestra y corrupta Hillary Clinton, ha logrado revertir el efecto llamada que generó el *"papeles para todos"* del socialista Barack Hussein Obama. La excesiva tolerancia de los Demócratas con quienes infringen la ley migratoria, ha animado a muchos otros a emprender su viaje rumbo al norte.

Coloquemos las cifras sobre el tablero, para saber de qué estamos hablando. En la actualidad, hay casi 49 millones de extranjeros en los Estados Unidos (*el 15,27% del total de la población*). Por algo, los EEUU están en el *"TOP 10"* de los países con mayor número de inmigrantes. Pongamos cara, procedencia y número a los residentes foráneos que pueblan la nación useña. He elegido los siguientes países, pues, entre los diez, sus ciudadanos representan el 59% de los 49 millones de extranjeros que residen en los Estados Unidos. La comunidad más numerosa dentro de ese 59% la componen los latinos, llegando a representar el 38% del total.

- **México:** 26%
- **China:** 6%
- **India:** 5%
- **Filipinas:** 4%
- **El Salvador:** 3,5%
- **Vietnam:** 3,5%
- **Cuba:** 3,5%
- **Corea del Sur:** 2,5%
- **República Dominicana:** 2,5%

- **Guatemala:** 2,5%

Por más que trate de ajustar las cifras a la realidad, cosa harto difícil, debéis comprender que siempre pueden darse ligeras variaciones porcentuales desde que uno escribe lo que escribe, hasta que el libro llega a las manos de los lectores. De todas formas, muy a mi pesar, supongo que las cifras no dejarán de aumentar durante ese lapso de tiempo.

Adquirir la *"Ciudadanía Estadounidense"*, la cual permite que un residente legal o ilegal se convierta en ciudadano, también acelera el cambio demográfico que se está viviendo. El *"Servicio de Ciudadanía e Inmigración de los Estados Unidos"* (*USCIS*) ha otorgado la ciudadanía a más de 21 millones de extranjeros. A todos aquellos extranjeros que aún no han iniciado los trámites para convertirse en *"useños de pleno derecho"*, se les permite residir en el país bajo las siguientes categorías:

1. *Residentes permanentes legales con una "Green card" (documento de identidad para extranjeros).*
2. *Residentes legales temporales con visa de trabajo, intercambio o estudios.*
3. *Cubanos acogidos bajo la política de "pies secos, pies mojados".*

Llega el momento de las cifras. Los números son números, solo pueden estar bien o mal. No hay lugar para impresiones personalistas o argumentos sentimentaloides. Por más que les pese a los progres, 2 + 2 siempre han sido 4. Lo que vais a leer a continuación, no es propaganda escrita por un malvado hombre blanco (*el autor de esta humilde obra*). Todos los datos han sido obtenidos de organismos oficiales; lo cual os facilitará la tarea de cotejarlos, si queréis rebatirme. Así que, sin más dilación, pongámonos manos a la obra.

Según datos oficiales suministrados por el gobierno de los Estados Unidos, en el año 2016, un total de 1.183.505 personas obtuvieron la tarjeta de residencia permanente (*Green card*). 618.078 de ellos obtuvieron su "*Green card*" a través del procedimiento consular. Es decir: el inmigrante se encontraba fuera de Estados Unidos, cuando se le permitió ingresar en el país como residente. Por el contrario, un total de 565.427 inmigrantes se encontraban ya en los Estados Unidos cuando la solicitaron. ¿Por qué? Porque ya cumplían los requisitos para obtener la "*tarjeta verde*", a través del procedimiento de ajuste de estatus.

Otra de las "*tretas*" legalistas utilizadas para justificar la invasión que sufre los EEUU, es la de la "*reagrupación familiar*". Cuando un extranjero obtiene la residencia, las leyes migratorias le permiten traer a sus familiares "*inmediatos*" (*cónyuges, hijos, padres, madres...*). En 2017, casi 570.000 extranjeros obtuvieron así su residencia. Cifras alarmantes, sin duda; y, aun así, la administración useña ha facilitado aún más las cosas a los invasores. Poseer la "*Green card*" también les permite agilizar los trámites de admisión de un familiar no inmediato. El número total de "*familiares no inmediatos*" que lograron colarse gracias a esta artimaña legal, que no por ello justa, fue el de 239.000.

Pese a los intentos de Trump por corregir los fallos del sistema migratorio de los EEUU, todavía sigue siendo demasiado frecuente el aceptar gran parte de las fraudulentas peticiones de asilo o refugio. La administración de Barack Obama tiene mucho que ver en todo esto, pues bajo su despótico y corrupto mandato se permitió la entrada de 100.000 refugiados o asilados por año. El Presidente Trump ha reducido la cifra permitida a menos de la mitad, vetando también la entrada a los ciudadanos de naciones: *"aliadas de los terroristas islámicos"*. Tomar dicha decisión, sirvió para acrecentar el odio visceral que la izquierda siente por Trump. La derechona acomplejada mundial, de la cual forma parte casi todo el establishment Republicano, también lo atacó con furia. El propio Vicepresidente de los Estados Unidos, Mike Pence llegó a escribir en su cuenta de Twitter:

*"La petición de prohibir la entrada a los musulmanes es ofensiva y anticonstitucional".*

Recordad que estamos hablando de un viejo miembro del Partido Republicano que, además, forma parte de la mismísima Administración Trump. Pese a que Mike Pence es a priori un *"malvado hombre blanco"*, aunque yo lo definiría como un ser abyecto y desleal; los medios de desinformación masiva salieron en masa a darle la razón. No es de extrañar el *"conchaveo"* que la CNN, el New York Times y demás panfletos incendiarios se traen con Pence, también conocido como *"Lodestar" (Estrella Solitaria)*; pues es el propio círculo íntimo del Vicepresidente el que filtra dosieres incendiarios *(casi todos falsos)*, para que después los medios los saquen a la luz. Y es que, tal y como hemos visto, todo vale a la hora de atacar al exponente máximo del *"heteropatriarcado-blanco-occidental": Donald Trump.*

Sabed que los mayores enemigos de nuestra causa, los tenemos entre nuestra propia gente. Estamos rodeados de quintacolumnistas como Mike Pence; los cuales siempre han tratado de boicotear cualquier medida, que vaya en favor de nuestros intereses. Hace falta realizar una purga larga y concienzuda si queremos librarnos de los traidores, que impiden que nuestro pueblo sea libre. Recordadlo bien:

*"Si ganamos, todos ellos deben desaparecer".*

Los Amos del Pensamiento, a los cuales todavía no había nombrado en este libro ya que son como *"los Chandrian"*, los cuales destruyen a todos aquellos que se atreven a pronunciar sus nombres; no pueden soportar que el Presidente Trump quiera tomar el control de las fronteras, cosa antes nunca vista en la nación useña.

Para que los EEUU sean más diversos, es decir: *"menos blanco"*, se necesita barra libre en la cuestión migratoria. Ni muros ni concertinas: puertas abiertas. La cetrina marabunta humana que avanza hacia el norte no debe encontrar, bajo ningún concepto, el más mínimo obstáculo que retrase su marcha. El tiempo del malvado hombre blanco ha de llegar a su fin. Al menos, eso es lo que intentan conseguir los Amos del Pensamiento. Solo así se explican las siguientes cifras.

Diversos organismos afirman que hay un total de 10.800.000 de migrantes indocumentados en los Estados Unidos (*cifras de 2016*). Gracias al programa *"DACA" (Deferred Action for Childhood Arrivals)*, creado por Obama, se obstaculizó la deportación de estos ilegales; hasta que el nuevo presidente useño lo suspendió en 2017. Desde que Trump tomó posesión de su cargo, se han incrementado el número de interceptaciones de migrantes indocumentados. Durante el año 2017, las detenciones subieron un 42% y se realizaron un total de 226.119 deportaciones. Solo en el mes de abril de 2018 se llegó a detener a un total de 50.924 inmigrantes, mientras trataban de ingresar ilegalmente en los Estados Unidos. Si ese fue el número de detenidos, el nivel más alto para el mes de abril desde el año el 2014, imaginaos cuántos sí que lograron cumplir su propósito.

El *"Servicio de Inmigración y Control de Aduanas de los Estados Unidos"* (*ICE*) de la Era Trump tramita los expedientes de expulsión en función de la idiosincrasia del propio ilegal. Las causas más comunes que aceleran la deportación son las siguientes:

> ➢ *Ser considerado "un riesgo para la seguridad pública".*
>
> ➢ *Pertenecer a una banda.*
>
> ➢ *Ser condenado a cárcel.*
>
> ➢ *Ser acusado de un delito grave.*
>
> ➢ *Mentir a los oficiales o a los servidores de la justicia.*
>
> ➢ *Vivir de forma permanente del sistema de beneficencia.*
>
> ➢ *No haber cumplido una orden de salida voluntaria.*
>
> ➢ *Ser detenido tratando de entrar en el país, después de haber sufrido una deportación.*

Este baremo ha causado mucho revuelo político y también mediático. La gran mayoría de los Demócratas de la Cámara de Representantes, en especial Nancy Patricia D'Alesandro Pelosi y Chuck Schumer, han tratado de boicotearlo desde el minuto uno. No aceptan que se tramite la expulsión de aquellos ilegales que hayan cometido algún tipo de delito o que formen parte de algún grupo criminal. La propia Nancy Pelosi, incluso, llegó a criticar a Trump por llamar *"animales"* a los violentos miembros de la sangrienta *"M-13"*. Esta senil Demócrata consideró que era un acto de racismo, propio de un malvado hombre blanco, el criminalizar a unos criminales. ¿Por qué? Pues porque todos los miembros de la M-13 son parte de una *"minoría étnica"*.

Para aquellos que todavía no sepáis quiénes son estos sanos hijos del multiculturalismo *(M-13)*, os haré un pequeño resumen al respecto. La *"Mara Salvatrucha"* es considerada una de las pandillas/mafias más peligrosas del mundo. En la actualidad, esta pandilla tiene sucursales en casi todos los países de Centroamérica e incluso, aunque sea en menor cantidad, en Sudamérica y España. Sus actividades criminales incluyen la venta de drogas, extorsión, venta de armas, secuestro…

Los ritos de iniciación que tienen que pasar los aspirantes a *"mareros"*, dan buena cuenta de lo peligrosos que son. Para ingresar en la M-13, cada postulante debe soportar una salvaje paliza de no más de 13 segundos. Esta no es la única forma de ingresar en este *"selecto club"*. Matar a un rival en territorio "*enemigo*", también se considera una prueba iniciatoria. Cuando son mujeres las que quieren ingresar, aparte de las dos opciones ya mencionadas, se les permite escoger una tercera vía: *"la de acostarse varias veces con todos los miembros de la M-13"*. Es decir, que se conviertan en prostitutas gratuitas.

Aquí tenéis a los *"nuevos americanos"* que gente como Pelosi y demás globalistas sin escrúpulos quieren importar a tierra useña. Mareros, sí; salvajes criminales como la Mara Salvatrucha. Les da igual que el FBI o la DEA les hayan puesto en alerta del mortal peligro que supone, el hecho de dejarlos residir en los EEUU. Lo que cuenta es atacar a Trump, aún a costa de aliarse con sanguinarios criminales.

A palabras ciertas, oídos sordos. Esa parece ser la máxima que rige la sinrazón progresista. Solo ven la paja en el ojo ajeno, si este ojo pertenece a un malvado hombre blanco. Con razón, Trump consiguió imponerse con tanta facilidad a *"Crooked"* Hillary Clinton; pese a tener a toda la prensa (*nacional e internacional*) e incluso a gran parte del Partido Republicano en su contra. *"Make America Great Again"*.

Mientras Europa Occidental se ve incapaz de solucionar la llamada *"crisis de los refugiados"*, la lejana Australia ha sentado cátedra en este tema. La estupidez supina del socialista Pedro Sánchez (*Presidente de España*), la visión marxista de Angela Dorothea Merkel (*Canciller de Alemania*), el egoísmo económico de Theresa May (*Primera Ministra del Reino Unido*) y la gabachería hedonista del Napoleón Emmanuel Macron (*Presidente de la República Francesa*) han terminado por convertir a Europa en el estercolero del mundo. Aquí viene a parar el oscuro sobrante poblacional que otras naciones desechan y, encima, acogemos a todo ese excedente humano con los brazos abiertos.

La Unión Europea hace mucho que prefirió escoger la barbarie del multiculturalismo, antes que optar por un modelo de política migratoria que favorezca a sus ciudadanos; tal y como ha hecho Australia. Pero, ¿por qué la política migratoria australiana debería de ser un modelo a seguir? Es muy sencillo de entender:

*"Solo ellos deciden quién entra a su país"*.

Nada de fronteras abiertas o papeles para todos. El pueblo australiano quiere conocer a los extranjeros que piden residir en su nación.

*"It's about this nation saying to the world we are a generous open hearted people taking more refugees on a per capita basis than any nation except Canada. But we will decide who comes to this country and the circumstances in which they come".*
(John Winston Howard, ex-Prime Minister of Australia)

*"Se trata de que esta nación le diga al mundo que somos personas*

*generosas y de corazón abierto que reciben a más refugiados per cápita que cualquier otra nación, excepto Canadá. Pero nosotros decidiremos quién viene a este país y las circunstancias en las que viene".*

(John Winston Howard, ex-Primer Ministro de Australia)

La realidad australiana suele ser relegada a un segundo plano en los medios de desinformación masiva europeos y useños. Nuestra mirada eurocéntrica no está habituada a ver más allá de nuestras fronteras. Admitámoslo, pocas veces prestamos atención a nuestros hermanos blancos de Oceanía. De haber estado atentos a la lección, podríamos haber importado su modelo migratorio a nuestro territorio. De todas formas, tampoco quiero que interpretéis que allí la situación es idílica. Vayamos a los datos pues, como digo siempre, los números son números.

En cifras absolutas, Australia es la 50º nación del mundo que más refugiados recibe. Paradójicamente, y por extraño que pueda parecer tras lo anteriormente escrito, es el 3º país que más refugiados reasenta dentro de su propio territorio. En cuanto a solicitantes de asilo o refugio, Australia es el 20º país que más peticiones recibe y el 28º que más acepta. Dicho esto, conviene aclarar un par de cosas al respecto. Desde el 2001, tras el incidente conocido como *"Tampa Affair"*, cuando el gobierno de John Winston Howard denegó el permiso para navegar por aguas australianas al carguero noruego MV Tampa, el cual transportaba a 433 ilegales; el Gobierno Federal asentado en Canberra endureció aún más sus leyes de control de fronteras y también puso en marcha la *"Pacific Solution"* (*implementada de 2001 a 2007 y retomada de nuevo en 2012*).

"*La Solución Pacífico*" se centró en tres focos de actuación:

1. *Limitar las formas de entrada al país a los posibles ilegales.*
2. *Prohibir la entrada de barcos cargados de migrantes en aguas australianas (Operación Relex). Misión que le fue encargada a las Fuerzas de Defensa de Australia.*
3. *Reasentamientos en campos de detención en las islas de Manus (Papúa Nueva Guinea) y Nauru de los solicitantes de asilo/refugio hasta verificar que su petición es justificada.*

La "*Operation Sovereign Borders*" (OSB) vino a reforzar los logros conseguidos por la certera Pacific Solution. La "*Operación Fronteras Soberanas*" fue un programa iniciado por el ejecutivo australiano en 2013, para impedir el tráfico de ilegales por el mar hacia Australia. La OSB permite a las patrullas australianas interceptar barcos negreros en alta mar y, una vez comprobado que se están dedicando al tráfico de personas, están autorizadas también a devolverlos al puerto de donde salieron (*turn back*).

Mafias/ONG´s como Amnistía Internacional han denunciado, al más puro estilo de la Congresista "*pro-marera*" Demócrata Nancy Pelosi, que el gobierno australiano ha violado la Convención sobre el Estatuto de los Refugiados y atentado contra los Derechos Humanos de los ilegales solo por no permitirles entrar en aguas australianas. Según la opinión de estos voceros del multiculturalismo marxista, la cual no deja de ser la opinión de los camaradas de los contrabandistas, las autoridades australianas no pueden impedir que el cetrino tsunami tercermundista arrase su país. Argumentan, atentando contra la lógica misma, que los ilegales poseen el derecho de exigir su no devolución o expulsión colectiva. Es decir, los criminales *(ilegales)* están por encima de la ley misma. Al menos, eso es lo que dice Amnistía Internacional.

Estas organizaciones/seudo-ONG´s, la gran mayoría financiadas por el criminal George Soros, suelen olvidar el denunciar lo siguiente:

*"Que esos ilegales que solicitan asilo/refugio*
*no vienen con la intención de integrarse".*

Los invasores saben que el malvado hombre blanco ha olvidado cómo defender a su tierra y a los suyos. Debido a ello, intentan medir la fuerza/reacción de las autoridades australianas. Si éstas hubiesen mostrado debilidad/compasión progresista, Australia estaría invadida ahora mismo al igual que lo está Francia, Suecia o Reino Unido. Gracias a la Operation Sovereign Borders se han evitado multitud de robos, agresiones, acosos, violaciones… Por ello, a diferencia de lo que ocurre en Europa, la población australiana sí que puede respirar tranquila.

*"Tolerancia cero con la inmigración masiva"*, esa es la clave de la supervivencia como comunidad étnica. A los australianos les da igual que las Naciones Unidas acusen a su país de violar sistemáticamente la Convención contra la Tortura, por encerrar a los ilegales en centros de detención. La población local sigue apoyando que se defiendan las fronteras nacionales, pese a las amenazas de los grupos antifascistas y la presión mediática de la izquierda. Las lacrimógenas historias sobre niños y niñas refugiados ya no emocionan a casi nadie. Solo se deja engañar por ellas quien quiere. En la tierra del malvado hombre blanco australiano son los malvados hombres blancos australianos los que han de decidir quiénes entran y quiénes no.

Como habréis podido observar las políticas europeas, australianas y useñas para la gestión migratoria son de lo más dispares. En Europa se incentiva la importación masiva de extranjeros de baja cualificación, a la vez que se ocultan las consecuencias que esto mismo genera. Sus viejas fronteras se han convertido en un coladero. La suplantación étnico/territorial de los nativos es una realidad en países como Suecia, Francia o Bélgica. Los conflictos producidos en los oscuros guetos multiculturales (*No Go Zones*), son cada vez más frecuentes. En definitiva, Europa ha dejado de ser la tierra de los europeos.

El Presidente Donald Trump pretende hacer de los EEUU un *"Estado Fortaleza"*. ¿Cómo? Gestionando mejor los flujos migratorios. La construcción de su polémico muro, que ya está levantado en gran parte, le ayudará a controlar la frontera sur que su nación comparte con México. Los temores que los ciudadanos useños sienten hacia *"los otros"*, aquellos que no dejan de llegar sin control; se han visto reforzados por la inseguridad que se vive en las extensas áreas multiculturalizadas (*tal y como sucede en la progre Europa*). Por ello, está totalmente justificado que Trump active los mecanismos de control y de punición necesarios, para identificar y neutralizar a los enemigos de los Estados Unidos de América.

Sin duda alguna, la nación/continente que mejor ha hecho el trabajo de asegurar la impermeabilidad de sus fronteras, pese a lo complicado que resulta vigilar el vasto océano; es Australia. Dicho país ha conseguido implicar a las comunidades fronterizas, la gran mayoría catalogadas como *"Países del Tercer Mundo"*, para que se transformen en agentes de cambio. Frente a la construcción de un muro que permita mantener bajo control los espacios de conflictividad ciudadana, Australia ha optado por poner en su sitio a los países lanzadera al devolverles la "*carga*".

Los malvados hombres blancos tienen todo el derecho y el deber de asegurar la supervivencia de los pueblos a los que representan. Por más que le pese al mainstream izquierdista, las fronteras sí que son "*instituciones históricas*", "*instituciones jurídicas*" e "*instituciones políticas*". En todas las épocas se ha mantenido y defendido la separación entre ciudadanos y extranjeros, a través de la "*institución político/jurídica*" que representa la frontera. Y así ha de seguir siendo.

El ideal necesario para construir un proyecto nacional propio, se basa en la voluntad natural de diferenciarse de las "*poblaciones bárbaras*" circundantes. Las fronteras reducen los conflictos étnico/culturales que puedan darse dentro del propio territorio, pues éstas ayudan a forjar y mantener una sociedad monolítica/pacífica (*desde un punto de vista racial y religioso*). Los contextos fronterizos hay que entenderlos y explicarlos en función del continente/territorio del que se hable. La situación de las poblaciones en un contexto de movilidad internacional, varían mucho de un lugar a otro. Recordad que no es lo mismo vivir en la progre y endeble España, que en la católica y patriota Polonia.

En la época que nos ha tocado vivir, es lógico sentir miedo frente a los flujos humanos provenientes del exterior. Es en las naciones que comparten frontera con los países lanzadera, donde más evidente se hace este pánico al conocido invasor. Los intensivos procesos de desnacionalización e internalización que se estaban llevando a cabo, se han visto retrasados por la figura del "*terrorista migrante*". Muchos comienzan a pensar que no es seguro abrir las fronteras, de par en par, sin preguntar antes quiénes son los que van a entrar.

Ya hemos visto como en Occidente los falsos mantras tipo: *"la tierra no es de nadie y todos venimos de África"*, han envenenado la conciencia patriótica de los malvados hombres blancos. Pero, ¿sucede lo mismo en otros puntos del planeta? ¿También se realizan este tipo de campañas criminalizadoras en las naciones no blancas? Comprobémoslo. Veamos qué ocurre en el *"no tan dormido"* gigante asiático.

China practica una férrea política migratoria. El auge económico que ha experimentado en los últimos años, ha atraído la atención de los pobres de los países vecinos. Muchos de ellos viajan a China, ya sea legal o ilegalmente, en busca de una oportunidad. Este éxodo masivo ha hecho que la Asamblea Popular Nacional de China tome medidas al respecto. El Ministerio de Seguridad Pública persigue y penaliza a los extranjeros que residen y trabajan ilegalmente en el país. Además, también prohíbe la salida o entrada de cualquier ciudadano extranjero que pueda:

*"Poner en peligro la seguridad y los intereses nacionales"*.

Para tener aún más controlados a los ciudadanos *"no chinos"*, el Ministerio de Seguridad Pública ha recopilado la información biológica (*huellas dactilares y otros datos biométricos*) de los extranjeros residentes en el país. Cualquier extranjero que quiera residir y/o trabajar en el gigante asiático, está obligado a ser fichado. La legislación china establece que sin la recopilación de tu *"información biológica"*, no puedes acceder a un permiso de trabajo u obtener un certificado de residencia. A aquellos empresarios chinos que emplean ilegalmente a extranjeros se les sanciona, al igual que a los propios trabajadores (*a los que después se expulsa*).

Ahora pasemos de Asia a África.

Así es la política de integración practicada por Marruecos. La Dinastía Alauí utiliza a los inmigrantes ilegales subsaharianos que malviven en campamentos, la mayoría de ellos próximos a Melilla, para lograr que todos los años le aumenten la *"financiación"*. Cuando la Unión Europea se niega a abrir la mano, Marruecos libera el torrente de ilegales. La policía marroquí suele ser la encargada de *"pastorearlos"* hasta las vallas fronterizas de Ceuta y Melilla. Esta táctica le suele funcionar siempre al corrupto monarca Mohamed VI. ¿Os imagináis si alguna nación gobernada por los malvados hombres blancos hiciese lo mismo? Toda la progresía mundial pondría el grito en el cielo, al igual que la cobarde derechona.

Pero aún hay más. Los hijos de los ilegales no existen realmente en Marruecos. Aunque nazcan en un hospital, no se registra su acta de nacimiento. Sin acta, ya que también carecen de cualquier otro tipo de documentación que demuestre quiénes son y dónde nacieron; nunca podrán optar a un permiso de trabajo. Por si no lo sabéis, si eres extranjero y careces de un permiso de trabajo, tampoco puedes hacer un contrato con una compañía telefónica o uno de alquiler. Esta es la política de integración que la Unión Europea financia en el progresista Marruecos.

¿Qué le ocurre a los extranjeros cuando se ponen enfermos? Bien, el dinero es la clave. La sanidad marroquí es cara, muy cara. La progresiva privatización de la mayor parte del sistema sanitario magrebí, ha dejado fuera a prácticamente el 66% de su población (*incluidos los extranjeros no occidentales*). A diferencia de lo que ocurre en España, allí solo los inmigrantes regularizados consiguen ser metidos dentro del seguro médico público conocido como RAMED (*Régimen de Asistencia Médica para los Económicamente Desfavorecidos*). Millones de marroquíes desfavorecidos también se ven obligados a depender del RAMED para ser tratados. Los servicios y la cobertura que les ofrecen distan mucho de la atención que podamos recibir en Europa, pues Marruecos solo invierte un 6,04% de su gasto público en sanidad. En cambio, en la racista y xenófoba España, su Presidente Pedro Sánchez ha recuperado la sanidad universal para todos *(incluidos los ilegales)*.

Para abarcar las máximas realidades posibles, también analizaré la problemática migratoria en los países hispanoamericanos. Mil veces ha sido negado por los medios generadores de *"Fake News"*, pero *"el muro de la vergüenza"* construido por México en su frontera con Guatemala: ¡*SÍ EXISTE!*. El Gobierno de México lleva años construyéndolo de manera unilateral, sin que nadie se haya escandalizado. No deja de ser curioso que, por un lado, México acuse de *"racista"* a Trump por expulsar ilegales de su país y, que por el otro, ellos mismos traten de limitar la entrada de inmigrantes centroamericanos indocumentados.

Aquellos ilegales que consiguen colarse, son obligados por las autoridades a abandonar los núcleos urbanos; bajo amenaza de ser repatriados. Si quieren alcanzar el *"Dorado Yanki"*, deberán hacerlo lejos de las miradas de los ciudadanos mexicanos. Ocultar este drama humano, por puro interés político, empuja a los ilegales a caer en manos de las mafias que trafican con personas. El ejército y la Policía Federal son conscientes de la situación, pero ninguno de sus altos mandos ordena o dice nada. Lo único que sus funcionarios saben hacer, y se les da muy bien, es aceptar sobornos por hacer la vista gorda. Únicamente detienen y deportan a aquellos ilegales que se atreven a denunciar la injusta situación que están viviendo o que, directamente, no pagan la *"mordida"* que les exigen las autoridades.

Los medios de desinformación masiva occidentales, que tanto critican a la "blanca" Patrulla Fronteriza de los EEUU por sus detenciones "*indiscriminadas*", silencian que México está haciendo detenciones y deportaciones masivas de personas "*sin papeles*". Por ejemplo, en 2014 se registraron 119.714 detenciones de inmigrantes centroamericanos; 23.000 de ellos menores de edad. Las cifras de detenidos y repatriados han ido aumentando hasta llegar a los 250.000 *(2016)*. Los estados de Tabasco, Chiapas, Veracruz y Oaxaca son los que concentran el 75% de las detenciones.

Aquellos ilegales que no tienen dinero suficiente para pagar las cuantiosas "*mordidas*" que los conductores de las "*combi*" les exigen, se ven obligados a asumir los riesgos de viajar en un viejo ferrocarril de carga. La ruta de "*La Bestia*" suele ser la más transitada por estos indocumentados. Dicha ruta inicia su viaje en las ciudades de Tenosique (*Tabasco*) o Tapachula (*Chiapas*). También cruza ciudades como Córdoba y Orizaba antes de llegar a la Ciudad de México, para después pasar por San Luis Potosí y la ciudad de Saltillo. Cabe mencionar que San Luis Potosí es considerado: *uno de los estados más peligrosos de México*. Por desgracia, muy pocos de los migrantes centroamericanos que eligen seguir las vías de "*La Bestia*" lo saben.

El viaje en tren es de lo más peligroso. Durante el trayecto los robos, secuestros, golpizas, asesinatos y violaciones son algo cotidiano. Las maras y los Zetas se encargan de que ningún ilegal llegue a la frontera de los EEUU, sin antes haber pagado el peaje correspondiente. Si los migrantes carecen de dinero se los secuestra y se extorsiona a sus familias para que paguen. Si nadie paga, bueno, ya sabéis. Os aseguro que no tendrán un final feliz. Por supuesto que las autoridades son conocedoras de esta situación, pero no les importa. Los políticos de

México viven de cara a la galería. Lo que vende es criticar al malvado hombre blanco de Trump, no denunciar las miserias propias.

Sabed que existen las *"Fake News"* y también las *"Fake Photographs"*. Multitud de fotos son ampliamente compartidas en las redes sociales, sin que nadie se llegue a preguntar: ¿cuál es el verdadero contexto de las mismas? En ellas se suelen mostrar escenas lacrimógenas, normalmente preparadas o alteradas (*Caso Aylan*), con el objetivo de aumentar el sentimiento de culpa en los occidentales. Ejemplos de *"Fake Photographs"* hay muchos. El tema de las detenciones de menores que cruzan de manera irregular la frontera entre Estados Unidos y México, las ha hecho proliferar de manera alarmante. Basta con recordar la fotografía de esa niña hondureña, Yanela Varela, llorando en un control policial.

La instantánea fue tomada por un fotógrafo de la agencia *"Getty Images"*, John Moore (*conocido defensor de la "política de fronteras abiertas" practicada por Obama*). Dicha imagen no tardó en convertirse en viral. ¿Por qué? Pues porque se utilizó para atacar al Presidente Trump. Los medios del sistema, los cuales siempre están dispuestos a desinformar a la población; nos vendieron una historia, que nada tenía que ver con la realidad. Dicha imagen nos ilustraba, supuestamente, el dolor y la angustia de una pequeña que era separada de su familia por haber cruzado de manera ilegal a los EEUU. La fotografía también fue utilizada para lucrarse; ya que se llegaron a reunir más de 18 millones de dólares en donaciones, para luchar contra las *"políticas racistas"* del Presidente.

Incluso la revista TIME se sirvió de dicha imagen y la hizo portada. La jugada visual no pudo ser más efectista: fondo rojo, TIME en letras negras, a la izquierda Yanela Varela llorando y enfrente, mirándola con altivez, Trump. Los progres del mundo aplaudieron el montaje, loando la valentía de dicha revista por atreverse a criticar al *"hombre más poderoso de la tierra"*. La cobarde derechona Europea también se tragó el sapo y, por supuesto, salió a la palestra a pedir que en los EEUU no se siguieran deteniendo a los ilegales. Pese a todos los esfuerzos que medios y militantes del Partido Demócrata hicieron por seguir sosteniendo algo que era insostenible, la demagógica burbuja que habían creado en torno a Yanela Varela terminó explotando. La verdad distaba mucho de lo contado, tal y como leeréis a continuación.

Para empezar, la ejemplar madre de Yanela había abandonado a su marido y a sus tres hijos en Honduras para fugarse con un *"Coyote"* (*traficante de personas*). También se llevó a la niña sin el consentimiento paterno (*rapto*); simplemente desapareció de un día a otro. Pero aún hay más. Nunca se separó a Yanela de su progenitora. Tampoco se les negó el agua o el alimento. Incluso, se les puso en contacto con su embajada. De todas formas, no sería de extrañar que la feminista y progresista revista TIME esté creando otro fotomontaje (*Fake Photographs*) para nombrarla *"Madre del Año"*. Seguro que Edward Felsenthal (*Editor de Time*) no nos defrauda en ese aspecto. Bien sabe Edward, que la realidad nunca ha de estropear un tendencioso y llamativo titular. ¿Por qué? Porque la mentira siempre venderá más.

A día de hoy, sabiendo ya la verdad del suceso, ninguno de los que aplaudieron fervientemente a TIME por mentir y tergiversar la realidad de aquella triste situación, ha salido a disculparse. Los enfoques demagógicos con respecto al tema de la apertura de fronteras suelen ser un fenómeno unitario y unidireccional, pues solo se habla de aplicarlos en el mundo occidental. Por el contrario, esos mismos enfoques de acción "*antinacional*" no son trasladados a otro tipo de naciones tropicales o gobiernos bananeros.

La dictadura cubana es el paradigma de lo expuesto en el párrafo anterior. Tras derrocar al gobierno del militar Fulgencio Batista, los Castro se apresuraron a manejar con puño de hierro su política migratoria *(tanto de entrada como de salida)*. Siempre tuvieron en mente el dificultar las visitas de la diáspora cubana a la isla para evitar la infiltración de elementos quintacolumnistas, que pudieran sabotear su revolución marxista.

El gobierno del sátrapa Raúl Castro sigue prohibiendo la entrada de "*aquellos traidores que salieron ilegalmente del país*"; especialmente a los "*desertores*" que lo hicieron a través de la base ueseña de Guantánamo. En su afán por controlarlo todo y a todos, también deniegan la obtención de la ciudadanía *(requisito de avecindamiento)* a los hijos de los cubanos nacidos en el exterior. La dictadura de los Castro exige al menos tres meses de residencia obligatoria en Cuba, bajo la atenta mirada de los informadores del régimen, para otorgarles la ciudadanía a estos bebés nacidos en la diáspora. Por si no lo sabéis, por regla general, los hijos de extranjeros nacidos en otro país suelen ser inscritos con la misma nacionalidad de sus progenitores.

Cualquiera diría que a los "*ofendidos profesionales*" solo les ofenden ciertas cosas, cuando son los malvados hombres blancos quienes las realizan. La rampante corrupción, la opresión de los débiles a manos de dictadores comunistas, la tortura de los quintacolumnistas o la censura de los libros e ideas contrarios a los dogmas impuestos por el régimen parecen ser de su agrado, siempre que ellos ocupen la cima de la pirámide político/social.

Tal y como parece, las reglas del juego no son iguales para todos los jugadores. ¿Nunca os habéis preguntado por qué nadie informa/critica al único etno-estado del mundo? ¿Os imagináis que en la moribunda Europa se hiciesen leyes para defender *"la raza"* y evitar el mestizaje? ¿Qué ocurriría si Trump dijese que los EEUU son *"la tierra de los malvados hombres blancos useños"*? Se armaría, tal y como dicen los argentinos: *"tremendo quilombo"*. Entonces:

*¿Por qué nadie se atreve a informar sobre las leyes raciales y migratorias que imperan en Israel? ¿Acaso no importan las expulsiones masivas de inmigrantes eritreos? ¿Quizás aprueban que el gobierno de Israel haya dicho que su país, su tierra, es y será solo para los judíos étnicos? ¿En qué quedamos? ¿Querer expulsar ilegales está mal si lo hace el Presidente Trump y bien si quien toma la decisión es el Primer Ministro Benjamín Netanyahu?*

Desde David Ben-Gurión, pasando por Golda Meir, hasta llegar a los tiempos actuales de Benjamín Netanyahu; todos y cada uno de los Primeros Ministros Israelís han pretendido implantar la pureza racial en su Estado. El anhelo de alcanzar una mayoría judía étnica (*que no religiosa*) en Israel, en detrimento de la población árabe (*palestinos*), los ha llevado a crear leyes y prácticas discriminatorias para asegurar su supremacía racial en el territorio. Israel, como ente político-territorial, se ha convertido en la patria histórico-religiosa para todos los judíos del mundo.

Este hecho/idea no se puede extrapolar a otras razas o religiones. Los malos caucásicos, por ejemplo, siempre hemos destacado por nuestro individualismo cainita. Carecemos de ese sentimiento/creencia en la hermandad de sangre que a ellos los vuelve uno. Esa misma hermandad es la que lleva a un judío de Nueva York, por ejemplo, a querer ayudar *(económicamente)* a los miembros de un kibutz en Israel. Aunque no compartan territorio, sí que tienen la misma identidad étnica; y eso es lo que les importa.


(Primer Ministro Benjamín Netanyahu, 21 de febrero de 2018)

El "*sueño judío*" se resume en lo siguiente:

"*Un Israel sin musulmanes y sin árabes cristianos*".

Con el fin de mantener intacta la pureza de su "*judeidad*", y más con la "*amenaza demográfica*" que suponen los fecundos palestinos, los diversos Primeros Ministros Israelís han promovido el regreso de "*los Hijos de la Diáspora a la Tierra Prometida*". ¿Por qué? No hace falta caer en el burdo "*antisemitismo*" de los extremistas más desnortados, para encontrar la respuesta. Ellos han llegado a ser lo que son gracias a la no asimilación étnico/cultural, con aquellos pueblos con los que han compartido espacio geográfico. Por eso necesitan que vuelvan todos los judíos expatriados, para poder contrarrestar la alta natalidad de sus vecinos/enemigos.

Pero incentivar la inmigración a Israel de los judíos de la Diáspora, no es la única medida que han tomado. Con el fin de mantener su supremacía racial, hasta han llegado a cometer las siguientes felonías:

- **Anticonceptivos sin consentimiento:** *Para controlar la alta natalidad de los judíos etíopes (negros), se le administró a sus mujeres inyecciones de Depo-Provera; sin ellas saberlo. ¿Qué es la Depo-Provera? Pues un potente anticonceptivo de larga duración, el cual impidió que las mujeres judías de origen etíope se quedasen embarazadas. Solo cuando esta práctica salió a la luz en 2013, el gobierno israelí ordenó la cancelación de dicho proyecto.*

Por cierto, estos son algunos de los efectos secundarios de dicho medicamento:

> *Náuseas.*
> *Aumento de peso.*
> *Dolor de cabeza.*
> *Sensibilidad en los senos.*
> *Pérdida de cabello o aumento del vello facial/corporal.*
> *Depresión.*
> *Hematomas leves.*
> *Marcas permanentes en la piel, justo donde se aplicó la inyección.*

- **Deportaciones de extranjeros:** *La gran mayoría de refugiados africanos (Eritrea y Sudán) que inmigraron a Israel en busca de asilo, los cuales se agruparon en torno a la ciudad de Tel Aviv; están en proceso de ser expulsados. Solo se les ha permitido quedarse a menos de un 1%. Son 40.000 indocumentados en* *total. Cabe mencionar que, desde el año 2013, el gobierno israelí ya ha expulsado alrededor de 4.000 africanos.*

- **Prohibición de las relaciones interraciales**: *Todo extranjero que pretenda instalarse en Israel para trabajar, ha de saber que pueden obligarte a firmar un contrato de "relaciones íntimas". Es decir, debes aceptar la cláusula de "no sexo con chicas judías". Este requisito se le impone, sobre todo, a los trabajadores provenientes de Asia.*

- **Apartheid matrimonial:** *En Israel, los matrimonios entre judíos y palestinos carecen de cualquier respaldo legal. Los clérigos son los que controlan el proceso matrimonial. Por tanto, suelen negarse a oficiar uniones interraciales.*

La Knéset (*Parlamento de Israel*) ha oficializado la segregación étnica a través de sus 120 escaños. Allí se han aprobado diversos proyectos de ley, que vienen a ratificar la separación étnica entre judíos y árabes. El Likud (*partido derechista fundado por Menájem Beguín*) es el más ferviente defensor de este tipo de políticas. Pocos son los que alzan la voz para protestar por este *"racismo legal"*. Incluso los partidos de la izquierda suelen apoyar las propuestas supremacistas del Likud, como el artículo 7b, en el cual se dice lo siguiente:

*"La Knéset autoriza a una comunidad compuesta de gente que tiene la misma fe y nacionalidad (comunidad judía), a que mantenga el carácter exclusivo de esa misma comunidad (identidad judía)".*

Pese a que el 20% de la población de Israel es árabe, se les trata como a ciudadanos de segunda. Tienen sus derechos muy limitados, tanto a nivel político como social. Las muestras de xenofobia y segregación se dan con frecuencia; prácticamente, suceden a diario. En muchas urbanizaciones judías, sobre todo en la zona de Galilea, se prohíbe que los ciudadanos árabes adquirieran viviendas. En las piscinas públicas no se permite la entrada a los palestinos mientras estén judíos dentro, o bien, se les asigna un horario diferente para no coincidir. Por no hablar de los constantes e injustificados toques de queda que impiden a la población palestina, el poder realizar su vida con normalidad.

Vuelvo otra vez a lo mismo, pues me resulta altamente llamativo. A ninguno de esos ofendidos profesionales que se pasan la vida llamando *"racista"* al malvado hombre blanco, se les ha ocurrido nunca criticar ninguna de estas leyes, normas o conductas supremacistas. Pese a existir una clara intención discriminatoria a la hora de separar a judíos y a árabes, tampoco les parece oportuno comparar las leyes racistas israelís con las de la Sudáfrica del Apartheid. Es más, atreverse a confrontar ambas realidades te puede llevar a ser etiquetado de: *"nazi antisemita"*. Y, bueno, ya sabemos lo que acarrea eso.

Al enemigo número uno de cualquier movimiento pro-blanco que defienda los derechos de nuestra gente, es decir: *La Liga Antidifamación (ADL)*, tampoco le ha preocupado nunca el reprender a sus supremacistas hermanos israelíes. Es más, los judíos de la Diáspora suelen apoyar este tipo de políticas discriminadoras. La obscena hipocresía de la que hacen gala los judíos *"apátridas"* que se alinean con la posición extremista del Primer Ministro Netanyahu, resulta vomitiva. Desde que la Segunda Guerra Mundial terminó con la derrota del Tercer Reich, esos mismos judíos de la Diáspora no han dejado de recordar al mundo:

*"Cuan crueles fueron con ellos*
*los malvados hombres blancos alemanes"*.

No voy a entrar en otro tipo de consideraciones más polémicas, pues no es mi intención cuestionar la historia oficial del Holocausto o cuantificar el sufrimiento ocasionado al pueblo judío. ¿Por qué? Primero, porque es una tarea improductiva. Segundo, porque hablar de ciertos temas puede ocasionarme graves problemas legales. Tercero, negar a estas alturas que a los judíos se les persiguió en Alemania por el mero hecho de ser judíos, sería como cuestionar que la tierra gira alrededor del sol.

No hablo de culpabilidad o motivos, hablo de hechos. Y los hechos, más allá de los sentimientos o las consideraciones subjetivas, hechos son. Además, no se puede pretender acabar con el racismo anti-blanco, anti-negro, anti-judío o anti-árabe y, a la vez, apoyar la discriminación o el extermino de quienes no son como nosotros. Dicho esto, volvamos a los judíos.

En vez de indignarse tanto con el supuesto *"antisemitismo"* de los movimientos identitarios en Occidente, los judíos de la Diáspora deberían comenzar a preocuparse más por la peligrosa actitud del gobierno de Israel. Si en lugar de organizar ataques coordinados en las redes sociales contra los viles activistas pro-blancos, enfocaran sus esfuerzos globales en devolver la dignidad arrebatada al humillado pueblo palestino; el mundo comenzaría a dejar de ser un lugar tan injusto. Pero prefieren ignorar, desechar y burlarse de esta idea.

Si uno dice estar luchando contra el autoritarismo y la xenofobia, debería denunciar y reaccionar igual contra el odio de la derecha o de la izquierda, de los judíos o de los árabes, de los blancos o de los negros, de los cristianos o de los musulmanes. Cuando no se utiliza la misma energía y los mismos recursos para combatir un odio u otro, dependiendo de si los odiadores son de nuestra cuerda ideológica, se pierde hasta el más mínimo atisbo de legitimidad. Aliarse con el opresor solo porque oprime a tu enemigo, sirve para demostrar que se carece de integridad moral.

Pero es mejor despertar. Aquellos que criminalizan al malvado hombre blanco, nunca darán una respuesta coherente para acabar con el odio de los suyos. Su autodestructiva hipocresía es una peligrosa amenaza para Occidente. Hagamos lo que hagamos, siempre nos criticarán. Da igual que otros países expulsen a extranjeros solo por ser negros, que las autoridades locales chantajeen a pobres inmigrantes que viajan en trenes abarrotados, que se prohíban los matrimonios interraciales, que se le deniegue la nacionalidad a los hijos de los exiliados; da igual. A ellos solo les importa una cosa:


*"Acabar con el malvado hombre blanco".*


Estamos más que obligados a defender nuestras fronteras. Si queremos que nuestros cándidos hijos sigan viviendo libres e iguales ante la ley, no podemos quedarnos callados. Por eso, ya va siendo hora de que los malvados hombres blancos retomemos el control de nuestras tierras, de nuestras patrias, de nuestras casas.

# RACISMO, DISCRIMINACIÓN Y GENOCIDIO

Hablemos de racismo y de lo que ello significa para un malvado hombre blanco. Los militantes *"antirracistas"* dicen que la xenofobia ha arraigado tan fuerte en nuestro ADN, que ahora ya no nos podemos desligar de ella. Es decir:

*"Aunque tú no te consideres racista, no actúes de forma discriminadora, trates a todo el mundo por igual, defiendas que a las personas hay que juzgarlas por sus actos y no por su tono de piel e, incluso, tengas una pareja que no es de tu raza; siempre que seas un malvado hombre blanco, seguirás siendo racista. ¿Por qué? Por formar parte de un grupo etiquetado como: opresor".*

Pocos sabrán explicar el motivo de por qué te etiquetan como *"racista"*. Tampoco tendrán la honradez suficiente para admitir que su abstracto y prejuicioso concepto se basa en la raza del acusado y no en sus acciones. Para ellos, el malvado hombre blanco no es racista por el acto de discriminar a las personas según su raza o color de piel. Es racista, por ser lo que es: ¡un malvado hombre blanco!

Pese a que el concepto de raza está muy discutido dentro del ambiente socio-ideológico izquierdista, los Guerreros de la Justicia Social no dudan en hacer mención a la raza del individuo para criminalizarlo o victimizarlo. Esto viene a significar lo siguiente:

*"Ideológicamente no existen las razas para la izquierda, pero ellos siguen tomando como arma arrojadiza o parapeto a los supuestos*

*colectivos raciales a los que pertenecen las personas señaladas, para justificar su odio".*

Es por eso que, entre otras cosas, las acusaciones de racismo, xenofobia o islamofobia contra el malvado hombre blanco son tan confusas e insostenibles. Ni los propios acusadores son capaces de señalar de una manera clara y no viciada, qué es un delito de odio y cuándo empieza a producirse.

Siempre que nos atengamos a los dogmas mesiánicos de los Guerreros de la Justicia Social, veremos que existen varios tipos de racismo:

- **Racismo institucional/laboral:** *Cuando se crean ciertas leyes o existen instituciones públicas y empresas que discriminan a las personas por su origen étnico.*

Os quiero explicar la trampa argumentativa (*doble moral*) que subyace en este primer punto. Sí, es racismo discriminar a otro por su procedencia o color de piel; siempre que hablemos de un determinado modelo/tipo de opresor y de oprimido. Por ejemplo. Que el gigante energético sudafricano "*Sasol*" (*que se dedica a producir gasolina a partir del carbón*) ofrezca participaciones de la empresa (*acciones*) solo a sus empleados de color, no es un acto de racismo. ¿Por qué? En estas tres palabras encontraréis la respuesta:

*"Empleados de color".*

La cruda realidad que nos enseña esta noticia, no encaja dentro de la doble moral argumentativa de la izquierda antirracista. Da igual que dicha iniciativa vulnere la Constitución Sudafricana y que el propio Congreso Nacional Africano (*CNA, del que fue presidente el marxista Nelson Mandela*) encima la apoye. Tampoco importa que la propuesta de Sasol atente contra todas las leyes post-apartheid que reconocen la igualdad de todos los sudafricanos, sin distinción de raza o religión. Y mucho menos hay que tener en cuenta, siempre que seas un Guerrero de la Justicia Social (Social Justice Warrior), que el sindicato de trabajadores afrikáners "*Solidaridad*" ha decidido ir a la huelga para luchar por la igualdad de trato *(blancos, negros o indios; todos son empleados)*.

Para los que denuncian el racismo institucional que los extranjeros viven en Occidente (*tierra de los malvados hombres blancos*) todo esto son paparruchas sin importancia, excusas baratas, argumentos de extrema derecha. ¿Por qué? Porque se basan en el siguiente oxímoron progre:

*"Los blancos nunca podrán ser víctimas de opresión alguna".*

Por lo visto, que una empresa controlada por el gobierno utilice las políticas de discriminación positiva (*que ellos mismos crean*) para perjudicar a la población blanca, es algo justificable. Los negros, aunque estén en el poder, siempre pertenecerán al grupo de los oprimidos. Que algunos tribunales hayan obligado a rectificar ya este tipo de políticas de contratación/ascensos/bonificación, por su clara naturaleza racista y discriminatoria contra los blancos sudafricanos; solo viene a confirmar que la minoría negra del país (*más del 80% de la población*), vive bajo el yugo del malvado hombre blanco. Sé que no tiene ni pies ni cabeza, pero así es como ellos lo ven. "*Negro/Oprimido*" y "*Blanco/Opresor*";

estas son las dicotomías que sigue la izquierda para elaborar sus teorías sobre el "*racismo institucional, laboral o cultural*".

Aquí llega el segundo tipo de racismo, según la progresía izquierdista:

- **Racismo cultural:** *Los malvados hombres blancos enfatizamos, constantemente, nuestra superioridad cultural sobre las demás.*

Los Guerreros de la Justicia Social antirracista dicen que nuestra visión determinista sobre la raza y la cultura,  por ejemplo, nos lleva a creernos superiores a los negros. ¿Por qué? Pues porque pensamos que las civilizaciones que los negros africanos han podido crear a lo largo de la historia son inferiores, tanto en un plano organizativo como cultural, a los reinos o imperios fundados por malvados hombres blancos del pasado.

Tened en cuenta que, pase lo que pase, los actores sociales de los dogmas progres siempre representarán el mismo papel. En el Racismo Cultural se aplican las mismas dicotomías que en el Racismo Institucional. Los signos/actitudes que pueden indicar que una persona siente rechazo por aquellos a los que considera "*diferentes*" o "*ajenos*" a su propio grupo social, solo se tienen en cuenta cuando el "*discriminador*" es blanco. Nosotros, al conformar y formar parte de la cultura dominante, no tenemos derecho a señalar a aquellos que nos ofenden. El racismo cultural no es bidireccional, va de arriba abajo; nunca de abajo a arriba.  El racismo cultural no existe cuando nuestros signos visuales (*vestimenta provocativa en las mujeres, tatuajes, hombres sin barba...*), formas de socialización (*tomar unas copas en el bar, bailar, hablar con personas del sexo opuesto...*) o tradiciones y cultos religiosos (*misa, procesiones, toque de campanas, Navidad,*

*Belenes...*); son considerados por los respetables ciudadanos de color que atestan Occidente como:

*"Algo impuro propio de seres alejados de la mano de Alláh"*.

Tal y como hacen en cada una de las causas que dicen defender, los militantes de izquierdas han ideado una escala jerárquica donde unas identidades (*o culturas*) son más víctimas que otras; más importantes, más aliadas. En sus palabras y acciones se evidencian los signos de un racismo no declarado, aunque muy directo y nada soterrado, que afecta solo a una de las partes de la ecuación. Hablo del:

*"Racismo anti-blanco"*.

Muchos de los acólitos (*peones prescindibles*) de este *"antirracismo racista"*, financiado por las élites mundiales, consideran que los nativos de Occidente (*malvados hombres blancos*) no pueden cuestionar a otras entidades socioculturales diversas. En cambio, que las entidades socioculturales diversas hagan mofa o befa de las bellas tradiciones e idiosincrasia de sus anfitriones, está más que justificado. Dichas actitudes vejatorias obedecen a un acto de rebeldía, de lucha contra el colonialismo, de Poder Negro, Amarillo o Marrón. Eso sí, nunca Blanco. La contraposición permanente de los problemas u opresiones de unos sobre los de otros, como si los grupos étnico-sociales fuesen entidades o realidades totalmente incompatibles, niega cualquier posibilidad de convivencia racial pacífica. Cuando uno siembra constantemente la desconfianza entre el pueblo, no puede esperar que esa diferenciación en el trato de los sujetos (*según el propio colectivo al que pertenezcan*), no termine desembocando en un enfrentamiento étnico-religioso.

De todas formas, la "*Guerra de Razas*" (*Rahowa: Racial Holy War*) o religiones (*Yihad/Cruzada*) son el objetivo a conseguir por los "*racistas antirracistas*". La piedra angular para la construcción de su dictadura global es el odio. De ahí que fomenten los prejuicios y estereotipos étnicos para alimentar la animadversión hacia ciertas personas del colectivo indeseado (*los malvados hombres blancos*).

**Canción:** Kill All the White People!
**Grupo:** Type O Negative
**Album:** Bloody Kisses
**Fecha de lanzamiento:** 1993
**Letra:**

> "*Kill all the white people.*
> *Then we'll be free*". (Repitiéndose en bucle durante 3:23)

**Letra traducida al castellano:**

> "*Mata a toda la gente blanca.*
> *Entonces seremos libres*".

Es de suma importancia reflexionar en profundidad sobre cómo estamos siendo considerados por esos "*otros*", por los que no son de nuestra raza, para tomar conciencia de lo que está a punto de venírsenos encima. La forma en la que cotidianamente critican nuestras actitudes o forma de ser, sus comportamientos revanchistas y el lenguaje victimista del que hacen gala; son muestras directas del rechazo que sienten por nosotros.

No se puede convivir ni mejorar la convivencia, si están atacándonos de manera constante. Pero, además, cabe insistir en que esta *"lucha contra el racismo cultural"* atenta contra los derechos fundamentales de todas las personas blancas.

**Canción:** Kill all the White Man

**Grupo:** NoFx

**Album:** I Heard They Suck Live!!

**Fecha de lanzamiento:** 1995

**Género:** Punk/Reggae

**Idioma:** Inglés

**Letra Original:**

*Oh yeah, kill all the white man,*
*Oh yeah, kill all the white man.*
*The white man call himself civilized,*
*Cause he know how to take over.*
*The white man come to pillage my village,*
*Now he tell me I have to bend over.*
*Oh yeah, kill all the white man,*
*Oh yeah, kill all the white man.*
*No I don't like the white man up in me,*
*He rape my people as he rape my country,*
*Everything I love and cherish, he try to take away,*
*We will be rid of him, soon come the day.*
*Oh yeah, kill all the white man,*

**Letra traducida al castellano:**

*Oh sí, mata a todo hombre blanco,*

*oh sí, mata a todo hombre blanco.*

*El hombre blanco se llama a sí mismo civilizado,*

*porque él sabe cómo hacerse cargo.*

*El hombre blanco viene a saquear mi pueblo,*

*ahora él me dice que tengo que inclinarme.*

*Oh sí, mata a todo hombre blanco,*

*oh sí, mata a todo hombre blanco.*

*No, no me gusta el hombre blanco sobre mí,*

*viola a mi gente mientras viola mi país.*

*Todo lo que amo y aprecio, él trata de llevárselo.*

*Nos libraremos de él, pronto vendrá el día.*

*Oh sí, mata a todo hombre blanco,*

*oh sí, mata a todo hombre blanco.*

*Mata a todo hombre blanco.*

***

**Canción:** Pendez les blancs

**Autor:** Nick Conrad

**Fecha de lanzamiento:** 2018

**Idioma:** Francés

**Género:** Rap

**Letra Original:**





**Letra traducida al castellano:**





Los malvados hombres blancos tenemos derecho a la libertad de expresión y promoción de nuestras características étnico-culturales. Atacarlas, menospreciarlas e incluso querer prohibirlas es un acto de racismo, de racismo cultural anti-blanco. No tenemos por qué seguir aguantando sus ataques. Hoy, más que nunca, debemos gritar a viva voz que:


*"¡Estamos orgullosos de lo que somos y representamos!"*


El respeto a las creencias, rasgos particulares y manifestaciones culturales ha de ser mutuo; ya que, de no ser así, estaremos en nuestro perfecto derecho de replicar con la contundencia que consideremos oportuna.

Vayamos ahora con otro de los tipos de *"racismo"*, que más se le presupone al malvado hombre blanco:

- **Racismo biológico:** *Enfatiza la influencia de la genética sobre las capacidades y comportamientos de las personas. Es decir, nuestros genes determinan en buena parte lo que somos.*

Este concepto/idea se utiliza para señalar la peligrosidad innata de cierta raza en concreto, la nuestra *(caucásica)*. Los Guerreros de la Justicia Social aseguran que las actitudes racistas/supremacistas forman parte de nuestro ser. ¿Basándose en qué? En sus propios prejuicios raciales y en los dogmas *"antirracistas"* de la izquierda pro-mestizaje. Nuestra mera existencia o preponderancia en un territorio concreto (*Occidente*), siempre según su trasnochada teoría, supone: una forma de opresión sistémica que va más allá de las actitudes individuales que pueda tener cada persona blanca. Esto viene a significar que:

*"Mientras siga existiendo un nutrido grupo de población blanca en Occidente, las desigualdades históricas y materiales de las que son víctimas los ciudadanos de color se seguirán manteniendo en el tiempo".*

¿Solución que proponen para terminar con esta discriminación estructural (*basada en seudo motivos étnicos*)? Que dejemos de existir (*Genocidio*). La ilógica lógica que defienden quienes proponen tan aberrante solución, es la siguiente:

*"Sin blancos, no habrá más racismo biológico".*

En esta xenofobia anti-blanca se da una mezcla letal de racismo biológico y marxismo cultural. Se nos discrimina por motivos históricos/culturales y también por nuestros orígenes biológicos. Definirse como "*antirracista*", y más si se es de izquierdas, lleva implícito el ser "*anti-blanco*". Aunque digan estar luchando en contra de las desigualdades y la xenofobia, a la vez, se nutren de un odio irracional que los lleva a menospreciarnos, excluirnos o agredirnos por los malignos rasgos que le atribuyen a nuestra raza. En comparación con los tipos de racismo u opresiones que tienen que aguantar en Occidente la gente de color, las cuales son relativamente inofensivas, nosotros corremos el peligro real de ser exterminados. Todo ese énfasis estereotipador que le ponen para describir las características psíquico-biológicas que suelen ser atribuidas a nuestra raza, ha terminado por convertirnos en el "*blanco*" de todas las iras.

Al encasillarnos en el papel de "*malos de la película*", a muchos tarados les cuesta mirar más allá de las prejuiciosas categorías clasificadoras que nos han impuesto. Solo así se explica que se permita decir cosas tales como las que os transcribiré a continuación, sin que a nadie le parezca mal.

*"Si alguien me dijera que tengo solo una hora de vida, la pasaría*
*asfixiando a un hombre blanco. Lo haría bien y despacio".*
(Miles Dewey Davis III, músico de jazz afroamericano)


*"Abolir la raza blanca es algo tan deseable,*
*que solo un supremacista blanco se opondría".*
(Noel Ignatiev, escritor e historiador estadounidense)

*"Las leyes de derechos civiles no fueron aprobadas para proteger los derechos de los blancos y no se aplican a ellos"*.
(Mary Frances Berry, historiadora afroamericana)


*"Necesitamos la destrucción de los blancos, que son la fuente de la miseria de la humanidad"*.
(James Hal Cone, teólogo afroamericano)


*"Estamos planeando la destrucción del hombre blanco"*.
(Timothy Jacob Wise, activista y escritor antirracista estadounidense)


*"Mi piel blanca me da asco. Si pudiera despellejarme, sería feliz"*.
(Robin Morgan, escritora y activista feminista estadounidense)


*"La raza blanca es el cáncer de la humanidad"*.
(Susan Sontag, escritora feminista y directora de cine)


*"No hay lugar en la Europa moderna para países étnicamente puros"*
(Wesley Kanne Clark, General retirado del Ejército de los EEUU)


*"Yo quiero ver un Primer Ministro Británico Asiático"*.
(David William Donald Cameron, ex-Primer Ministro del Reino Unido)


*"La Unión Europea debe socavar la homogeneidad nacional de sus estados miembro"*.
(Peter Sutherland, ex-Director General de la Organización de Comercio Mundial y ex-Comisionado para la competencia europea)

*"Nuestro objetivo es hacer que la gente alemana perezca.*
*El pueblo alemán debe ser destruido".*
(Stefanie Drese, miembro del Bundesrat)


*"Que los refugiados violen a las mujeres,*
*es mejor a que lo hagan los suecos".*
(Barbro Sörman, Diputada feminista)


*"Jamás pariré a un hombre blanco".*
(Joanna Rytel, feminista sueco-polaca)


*"No deberían usarse en Suecia carteles publicitarios con niños rubios y*
*de ojos azules. Éstos deben ser reemplazados por negros y árabes".*
(Göran Jakob Rosenberg, periodista sueco)


*"Los suecos están celosos de los inmigrantes. Vosotros tenéis una*
*cultura, una identidad, una historia, algo que os une.*
*¿Y nosotros que tenemos? Tenemos el Solsticio de verano y esas*
*cosas tontas".*
(Mona Ingeborg Sahlin, exjefa del Partido Socialdemócrata Sueco)


*"El hombre blanco no es originario de África.*
*África para los africanos".*
(Robert Mugabe, exdictador de Rhodesia)

*"Las mujeres blancas sudafricanas son inferiores a las ratas, muy cercanas a las plantas, con la capacidad justa para ser violadas en un acto de preservación".*
(Nadine Gordimer, escritora sudafricana y ganadora del Premio Nobel de Literatura en 1991)


*"No sería bueno que tuviéramos los ojos azules y el cabello rubio. Afortunadamente, los japoneses tenemos caras amarillas".*
(Tarō Asō, Viceprimer Ministro del gobierno de Japón y Ministro de Finanzas del gobierno de Shinzō Abe)


La masonería mundial y los movimientos socio-políticos que dependen de ella, tales como el marxismo o el feminismo, se han propuesto acabar con los malvados hombres blancos. La mayor parte de los miembros de nuestras comunidades siguen sin percatarse de lo que está ocurriendo, pues se ven afectados por la alienación marxista. Han llegado a creerse que ser blanco/a es una mera construcción social y política, que todos descendemos de los *"bendecidos negros centroafricanos"*. También callan y asienten cuando les dicen que no existe *"la civilización occidental",* que nuestra cultura robada es fruto del expansionismo colonial europeo. Por eso, cuando alguien los señala o increpa por formar parte de los malvados hombres blancos, se postran de rodillas y piden perdón. Perdón por ser lo que son, perdón por algo que no cometieron, perdón por existir.

También están aquellos que deciden ir un paso más allá y hacen de la endofobia (*autoodio*) su modus vivendi. Han asumido gustosos su, supuesta, culpabilidad sin rechistar. La mayor parte de ellos se definen como: *"privilegiados opresores que deben deconstruirse".* Suelen rechazar los elementos culturales y los conocimientos científicos o tecnológicos que tengan que ver con el malvado hombre blanco, pues dicen estar en contra de este sistema étnico-colonialista europeo que ha subyugado a los demás pueblos. Creen rebelarse contra el imaginario opresor que ellos mismos representan, despreciando y aboliendo los logros y avances creados por su propia raza. Endofobia pura y dura.

La exacerbación del auto odio racial dentro de nuestro propio grupo étnico, ha incrementado la discriminación y persecución de aquellos blancos que no somos endófobos. Nadie se atreve a reconocer que la endofobia anti-blanca es ya una ideología política. Todas las estructuras político-sociales existentes favorecen a estos arribistas. El racismo es el principio organizador o la lógica estructurante que atrae a todos esos individuos acomplejados, o simplemente traidores, que quieren medrar a costa de tirar piedras contra su propio tejado étnico.

Las ciencias sociales modernas aplicadas al racismo, como la "*teoría del triángulo invertido*", sirven para alimentar la paranoia endófoba de dichos individuos. "*El triángulo invertido*" se utiliza para señalar las relaciones de dominación/opresión según la racialización.

**TEORÍA DEL "TRIÁNGULO INVERTIDO"
QUE SOSTIENE EL SENTIR ENDÓFOBO**

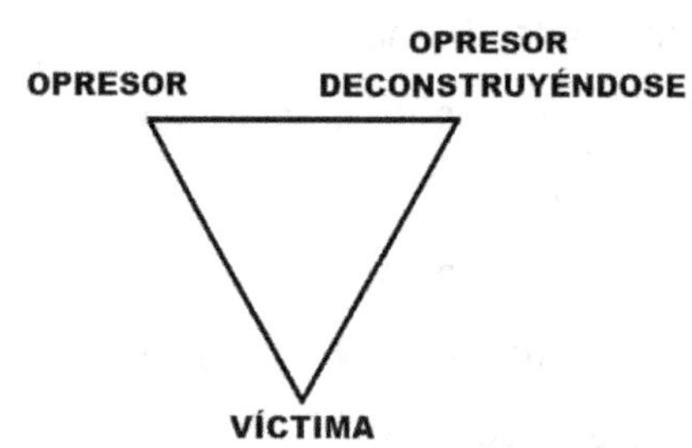

- **OPRESOR:** *Niega su culpa, no pide perdón, no deconstruido, quiere imponer límites/fronteras, no acepta las críticas, da su opinión sin que le pregunten, oprime a la víctima, no cede su poder, no se mantiene en un segundo plano…*

- **OPRESOR DECONSTRUYÉNDOSE:** *Acepta su culpabilidad, quiere expurgar los pecados de sus padres, reniega de sus ancestros opresores, en proceso de deconstrucción, guarda silencio cuando las víctimas hablan, aún sigue oprimiendo emocionalmente (indirectamente) debido a su carga/herencia racial/genética, no pretende seguir perpetuando las nocivas dinámicas de poder (no tener descendencia)…*

- **VÍCTIMA:** *Está oprimida, pertenece a un colectivo minoritario (racial, religioso o sexual), la mera existencia del opresor le causa sufrimiento, no se le da la palabra, es agredida constantemente (plano físico y emocional), vive sometida a cánones/patrones que le son ajenos, debe aceptar y abrazar la cultura "superior" de su opresor…*

Pasaré a explicaros, brevemente, qué es eso de *"la teoría del triángulo invertido"*. Ya os aviso que al ser fruto de las ciencias sociales modernas, dicha teoría tiene la misma validez que los Estudios de Género. Es decir, ninguna. Los creadores/ideólogos que están detrás de este triángulo invertido, vienen a decirnos lo siguiente:

*"En las relaciones de dominación se mantienen unas dinámicas de poder racial, las cuales suelen aplicarse de manera hegemónica. Para romper dicha cadena trófico-opresiva, se ha de romper también con el*

En esta teoría suele darse la siguiente paradoja. La mayoría opresiva, de la cual formamos parte los malvados hombres blancos, no suele estar bien vista por sus supuestas víctimas de color. Cuando el *"opresor en proceso de deconstrucción"* pretende integrarse y ser aceptado dentro de las nuevas jerarquías sociales creadas por las minorías mayoritarias, se le suele relegar a un segundo plano para que ejerza de mero aliado/sirviente. Los defensores de *"la teoría del triángulo invertido"* deberían pensar en el siguiente dilema: ¿acaso es correcto que los oprimidos pasen a ser los opresores y viceversa? Aunque, claro, esto no parece molestarles. ¿Por qué? Volvamos casi al principio de este capítulo.

Los activistas del movimiento antirracista no consideran que el malvado hombre blanco pueda ser víctima de racismo u opresión alguna. Incluso, cuando es oprimido y discriminado por razón de su raza o color de piel, su privilegio étnico le impide ser una víctima más. Por lo tanto, su respuesta vendría a ser esta:



Debéis saber que ni aunque todos los malvados blancos del mundo abandonásemos nuestra singularidad racial, seríamos aceptados en la sociedad/sistema multicultural y multirracial que las élites nos quieren imponer a la fuerza. Las personas blancas siempre seremos vistas como *"enemigos de las gentes de color"*. Los medios de comunicación se han encargado de implantar estereotipos, ideas preconcebidas y prejuicios étnicos que nos colocan en una peligrosa situación. Aunque aceptásemos ese dichoso *"proceso de deconstrucción masiva"* para purificarnos de nuestro *"malvado gen blanco"*, solo nos serviría para ser considerados ciudadanos de segunda; extranjeros en nuestra propia tierra.

Casos reales que ejemplifican hacia dónde conduce la humillante deconstrucción del malvado hombre blanco occidental, hay muchos. En la progre y europea España del siglo XXI, sus propios ciudadanos nativos son discriminados por las víctimas del *"triángulo invertido"*. El 28 de junio de 2017 se celebró una manifestación antirracista en la Plaza Nelson Mandela (*Lavapiés*); la cual había sido convoca por un sinfín de organizaciones de izquierdas (*subvencionadas con dinero público*). En el cartel que la convocaba se podían leer cosas tales como: *"Manada libre de euroblancos. Solo racializados, migrantes, afrodiasporicos, negros, sudakas, gitanos, asiáticos, árabes y rumanos"*. Como veis, fue todo un ejemplo de tolerancia y respeto étnico.

El ayuntamiento marxista de Manuela Carmena (*Podemos*) la permitió, pese a que sus organizadores vetaban en ella la presencia de españoles blancos. Todo esto ocurrió en el corazón de Madrid, capital del Reino de España. Los medios de desinformación masiva no se hicieron eco de la polémica. Ni siquiera informaron de las protestas ciudadanas que había generado dicho cartel. Y, sí, "la *manada antirracista (trans)fronteriza"* terminó marchando por las calles; sin *"euro blancos"* que pudieran estorbarles.

La alcaldesa de París, la socialista Anne Hidalgo, también tuvo que bregar con una polémica similar a la de Madrid. En plena capital francesa se pretendía celebrar un festival feminista negro (*el Festival*

*Nyansapo*); en el cual tenían vetada la entrada los franceses blancos. En el programa se detallaba dicha prohibición; por lo tanto, quienes duden de mi palabra pueden comprobarlo. En este caso se trataba de la primera edición del Nyansapo, organizada por el Colectivo Mwasi, e iba a tener lugar del 28 al 30 de julio de 2017.

Las organizadoras de tal evento supremacista, furibundas militantes del movimiento *"Black Power"*, no habían dejado espacio alguno sin segregar: cuatro quintas partes de la zona del festival fueron reservadas como espacio *"no-mixto"* para mujeres negras. Solo había un espacio definido como *"mixto"*, para que pudiesen entrar los hombres negros. Y, en último lugar, existía una pequeña zona *"abierta a todos"*. Corrijo, *"abierta a todos"* en teoría. Los malvados hombres blancos franceses no tenían permitido la entrada en esa ni en ninguna de las otras zonas.

La alcaldesa Anne Hidalgo pidió que el festival se prohibiera, llegando a sugerir que: *"Las organizadoras debían ser procesadas por discriminación"*. La policía también emitió un comunicado asegurando que: *"No habían sido advertidos de la celebración de tal evento y que se encargarían de hacer cumplir las leyes, los valores y los principios de la República"*. Incluso, las organizaciones antirracistas y antisemitas francesas salieron a denunciar el *Nyansapo*. SOS Racisme hasta llegó a definirlo como *"una abominación"*, pues París no podía ser sede de un evento *"abiertamente racista y antirrepublicano"*.

Palabras vacías pronunciadas con falsa indignación, eso fue todo. Para quedar bien de cara a la galería, pues muchos parisinos comenzaban a escorarse peligrosamente hacia el bando del Frente Nacional, la progresía gala decidió tejer una cortina de humo alrededor del festival. Nunca tuvieron la intención de clausurar el centro cultural *"La Générale"*, lugar donde se iba a realizar el evento. Tampoco llegaron a ilegalizar al colectivo Mwasi, que era el organizador del mismo. Y tal y como sucedió en Madrid, el *Nyansapo* se celebró.

A mí no me sorprende el desenlace de esta noticia y supongo que a vosotros tampoco. De todas formas, ya en 2016 se organizó un *"campamento de verano descolonizador"* en la ciudad de Reims, al noroeste de Francia. Dicho acto se anunció como:

*"Un seminario de capacitación sobre el antirracismo, reservado solo a las víctimas del racismo institucional o a las minorías racializadas".*

Es decir, también excluían a las personas blancas. Pese a la indignación popular que causó, las autoridades galas no hicieron nada por frenarlo. Así que: ¿por qué iban a actuar de manera diferente con el festival *Nyansapo?* Exacto, el racismo anti-blanco en Francia está normalizado e institucionalizado.

Sigamos hablando de exclusión por motivos étnicos. La minoría blanca de Sudáfrica también se ve discriminada dentro de su propio país, tanto a nivel laboral como social. El Presidente Cyril Ramaphosa, que ya fue Vicepresidente durante la presidencia de Jacob Zuma, no ha hecho nada para impedir que los blancos sean considerados ciudadanos de segunda. El Afrikáans ya apenas se escucha en las oscuras calles de Johannesburgo o Pretoria. Los niños blancos ya no pueden jugar seguros en las calles, pues son constantemente amenazados y agredidos por la población negra. En definitiva, los *"buenos tiempos"* que la segregación racial (*apartheid anti-afrikáner*) ha traído para los descendientes del Clan Msholozi, ha convertido a Sudáfrica en un infierno para los blancos.

Ni personajes históricos como Louis Botha, fundador del SAP y padre de la Unión Sudafricana, se libran del odio étnico que los negros sienten por los blancos. Su estatua, que hasta el momento estaba situada frente a la sede del gobierno en Pretoria, va a ser reemplazada por una escultura del comunista Nelson Mandela.

Para aquellos que no sepáis quién es Nelson Mandela, os diré que el mejor adjetivo para definirle es el de *"terrorista"*. ¿Por qué? Repasemos, brevemente, los rincones más oscuros y desconocidos de su biografía.

Mandela y otros líderes negros abrazaron la lucha armada en 1960, bajo el nombre de *"Umkhonto we Sizwe"* o *"la lanza de la nación"*. Su intención era la de sabotear la infraestructura del estado creado por Louis Botha en 1910. Para llevar a cabo su lucha subversiva, el *"Umkhonto we Sizwe"* recibió el apoyo de las tropas cubanas del dictador Fidel Castro; tal y como terminaría sucediendo en Angola años después. Una vez adiestrados y armados, los camaradas de Mandela llevaron a cabo una serie de atentados por todo el país.

En diciembre de 1985, por ejemplo, colocaron una bomba en un centro comercial en la ciudad de Amanzimtoti. La explosión dejó 46 heridos de gravedad y 7 muertos, de los cuales 4 eran mujeres y 3 eran niños. Por cierto, tanto los heridos como los muertos eran blancos. Los cuerpos mutilados y quemados quedaron esparcidos por el suelo del centro comercial, al estilo de lo ocurrido en la sala parisina de Bataclán (*atentado yihadista en noviembre de 2015*). Los supervivientes corrían desorientados, de un lado a otro, algunos llevando los pedazos de sus hijos muertos en brazos. Mediante aquel acto atroz y cobarde, los terroristas negros del *"Umkhonto we Sizwe"* consiguieron su objetivo:

*"Atemorizar a la población blanca"*.

Tras reivindicar la ANC la autoría del atentado, advirtieron que:

*"Seguirían llevando a cabo acciones violentas contra objetivos blandos (civiles, mujeres y niños) en áreas comerciales".*

En Soweto (*provincia de Gauteng, Sudáfrica*) los militantes negros de la ANC celebraron la matanza de Amanzimtoti. Winnie Mandela (*Nabandle Nomzamo Winfreda Madikizela*) también se unió a las manifestaciones /celebraciones, pese a tener prohibido por un tribunal su entrada en Soweto. La turba negra acogió a la esposa del terrorista Nelson Mandela con gritos de: *"¡hermana, hermana!".* Y como broche final de tan esperpéntico y sanguinario acto lúdico, la enardecida multitud entonó (*tal y como hicieron en su día Nelson Mandela, Jacob Zuma o Julius Malema*) el himno oficial de los negros sudafricanos:

*"Kill the Boer, Kill the Farmer".*
*("Mata al blanco, mata al granjero")*

Los negros simpatizantes de las políticas racistas y segregadoras de la ANC tienen multitud de canciones dedicadas a los malvados hombres blancos sudafricanos. A continuación expondré algunos ejemplos:

**Título:** Ayasab' amagwala (Cowards are scared)
**Autor:** Canción popular Zulú.
**Idiomas:** Zulú e Inglés
**Letra original:**

*Ayasab' amagwala (cowards are scared)*

*dubula dubula (shoot shoot)*

*ayeah*

*dubula dubula (shoot shoot )*

*ayasab 'a magwala (cowards are scared)*

*dubula dubula (shoot shoot)*

*awu yoh*

*dubula dubula (shoot shoot)*

*aw dubul'ibhunu (shoot the Boer)*

*dubula dubula (shoot shoot)*

*aw dubul'ibhunu (shoot the Boer)*

*dubula dubula (shoot shoot)*

*aw dubul'ibhunu (shoot the Boer)*

*dubula dubula (shoot shoot)*

*aw dubul'ibhunu (shoot the Boer)*

*dubula dubula (shoot shoot)*

*awe mama ndiyekele (mother leave me be)*

*awe mama iyeah (oh mother)*

*awe mama ndiyekele (mother leave me be)*

*awe mama iyo (oh mother)*


**Letra traducida al castellano:**


*Los cobardes tienen miedo.*

*Dispara, dispara.*

*Ayeah.*

*Dispara, dispara.*

*Los cobardes tienen miedo.*

*Dispara, dispara.*

*Awu yoh.*

*Dispara, dispara.*

*Dispara al Boer (blanco sudafricano).*

*Dispara, dispara.*

*Dispara al Boer.*

*Dispara, dispara.*

*Dispara al Boer.*

*Dispara, dispara.*

*Dispara al Boer.*

*Dispara, dispara.*

*Madre, déjame ser.*

*Oh, madre.*

*Madre, déjame ser.*

*Oh, madre.*

***

**Título:** Kill the Boers, the Racists!

**Autor:** United Democratic Front (UDF)

**Idioma:** Inglés/Bantú.

**Letra original:**

Soldier, Soldier.

Hey!

UDF militants.

Hey!

Kill The Boers, the Racists!

Kill The Boers, the Racists!

Zinqu (Bang), Zinqu (Bang)

Zinqu (Bang), Zinqu (Bang)

**Letra traducida al castellano:**

Soldado, soldado.

¡Oye!

Militantes de la UDF.

¡Oye!

¡Mata a los Boers, los racistas!

¡Mata a los Boers, los racistas!

Zinqu (Dispara), Zinqu (Dispara)

Zinqu (Dispara), Zinqu (Dispara)

***

**Título:** Umkhonto we sizwe

**Autor:** Himno de guerra del Congreso Nacional Africano (CNA)

**Idioma:** Zulú/Inglés

**Letra original:**

Go safely, Umkhonto,

Umkhonto we sizwe.

We the members of M.K,

Have pledged ourselves

To kill them.

The Ama-bhulu (whites).

We the members of M.K,

Have pledged ourselves

To kill them.

Go safely, Umkhonto,

Umkhonto we sizwe.

We the members of M.K,

Have pledged ourselves

To kill them.

The Ama-bhulu (whites).


**Letra traducida al castellano:**


Confía en la lanza,

la lanza de la nación.

Nosotros los miembros del M.K,

nos hemos comprometido

para matarlos.

Los Ama-bhulu (los blancos).

Nosotros los miembros del M.K,

nos hemos comprometido

para matarlos.

Confía en la lanza,

la lanza de la nación.

Nosotros los miembros del M.K,

nos hemos comprometido

para matarlos.

Los Ama-bhulu (los blancos).

***

**Título:** We going to shoot them

**Autor/Cantante:** Jacob Zuma (2012), cuarto ex-Presidente de Sudáfrica

**Idioma:** Inglés

**Letra original:**

*Come together the winners.*

*We going to shoot them*

*With the machine gun.*

*They are going to run.*

*We going to shoot them*

*With the machine gun.*

*They are going to run.*

*You are a boer (white).*

*We are going to hit them*

*And you are going to run.*

*Shoot the boer.*

*We are going to hit them*

*And you are going to run.*

*We going to shoot them*

*With the machine gun.*

*They are going to run.*

*We going to shoot them.*

*They are going to run.*

*Shoot the boer.*

*We are going to hit them.*

*They are going to run.*

*Shoot the boer.*

**Letra traducida al castellano:**

*Únete a los ganadores.*

*Vamos a dispararles*

*con la ametralladora.*

*Ellos van a correr.*

*Vamos a dispararles*

*con la ametralladora.*

*Ellos van a correr.*

*Eres un boer (blanco).*

*Vamos a golpearlos*

*y vas a correr.*

*Dispara al boer.*

*Vamos a golpearlos*

*y vas a correr.*

*Vamos a dispararles*

*con la ametralladora.*

*Ellos van a correr.*

*Vamos a dispararles.*

*Ellos van a correr.*

*Dispara al boer.*

*Vamos a golpearlos.*

*Ellos van a correr.*

*Dispara al boer.*

***

**Título:** Joe Slovo

**Autor:** Himno de las guerrillas comunistas negras.

**Idioma:** Inglés

**Letra original:**

*Here is a message from Joe Slovo:*

*Comrade units survive.*

*Street committees survive.*

*Kill the boers, oh father.*

*Kill the boers, young man.*

*Communist party,*

*Victory!*

*Communist party,*

*Victory!*

*Joe Slovo, our father*

*Life in exile*

*Tambo in exile*

*África, África!*

**Letra traducida al castellano:**

*Aquí hay un mensaje de Joe Slovo (judío comunista):*

*Las unidades de camaradas sobreviven.*

*Los comités de calle sobreviven.*

*Mata a los boers, oh padre.*

*Mata a los boers, joven.*

*Fiesta comunista,*

*¡Victoria!*
*Fiesta comunista,*
*¡Victoria!*
*Joe Slovo, nuestro padre.*
*La vida en el exilio.*
*Tambo en el exilio.*
*¡África, África!*

Decidme: ¿habías escuchado estas canciones alguna vez? ¿Cómo es que los medios de desinformación masiva las han mantenido ocultas? ¿Por qué los luchadores antirracistas no denuncian a aquellos que sí están incitando al odio y al genocidio? ¿A quién le beneficia este silencio? Yo os diré a quién no le beneficia:

*"Al malvado hombre blanco sudafricano".*

Podría seguir traduciendo las letras de decenas de canciones e himnos como estos. Os aseguro que no hay llamamientos a la paz o a la convivencia entre razas en sus renglones. Los negros quieren una Sudáfrica solo para ellos y lo dejan claro. No temen posibles represalias, pues saben que en Occidente es bien visto el odio contra los blancos. Pueden permitirse el lujo de atacarnos física y verbalmente, pues el corrupto gobierno de Cyril Ramaphosa también se lo permite. ¿Os imagináis qué sucedería si en Europa, América o Australia cantáramos canciones similares; aunque alterando los sujetos de las mismas? Veamos cómo quedarían.

**Título:** Adolf Hitler (Joe Slovo)

**Autor:** Himno de las Wehrwolf (Himno de las guerrillas comunistas negras).

**Posible letra:**

*Aquí hay un mensaje de Adolf Hitler (Joe Slovo):*
*La Wehrmacht sobrevive.*
*Los comités de Wehrwolf sobreviven.*
*Mata a los judíos, oh padre.*
*Mata a los judíos, joven.*
*Fiesta Nacional Socialista,*
*¡Heil!*
*Fiesta Nacional Socialista,*
*¡Heil!*
*Adolf Hitler, nuestro padre.*
*La vida en el exilio.*
*Hess en el exilio.*
*¡Europa, Europa!*

¿Y qué opinión os merece esta otra? ¿Es lo suficientemente xenófoba y discriminadora para que los Guerreros de la Justicia Social exijan su censura?

**Título:** Race War (Kill the Boers, the Racists!).
**Autor:** Himno de la Hermandad Aria (United Democratic Front).
**Posible letra:**

*Skinhead, Skinhead.*
*¡Oye!*

Si solo os han ofendido estas dos últimas canciones, es que sois igual de racistas que los militantes del Congreso Nacional Africano. ¿Por qué causa más controversia en Occidente el defender el asesinato de los judíos que vivían en el III Reich, que dedicar una marcha/himno a un comunista judío (*Joe Slovo*) que le decía a los negros sudafricanos que: "*su deber con la patria consistía en matar blancos*"? Y voy más allá aún: ¿qué diferencia existe entre "*mata al boer*" y "*mata al negro*"? ¿Acaso en ambos casos no se pide su asesinato por motivos raciales?

De todas formas, siempre que seáis izquierdistas afines al ideario multicultural, ya conozco vuestras respuestas por anticipado. Todas se resumirían con la siguiente falsedad:

*"Los malvados hombres blancos no pueden ser víctimas*
*de racismo o discriminación".*

Cuesta creer que un ser humano pueda llegar a ser tan cínico y cruel para dar una respuesta tan miserable. ¿En verdad es lo que pensáis? ¿Tan fuerte es el odio que sentís hacia nosotros, los malvados hombres blancos? ¿Acaso creéis que no sufrimos, que no sentimos miedo, que no gritamos o lloramos cuando somos víctimas de vuestro racismo? ¿Os imagináis que vuestros hijos o sobrinos viviesen hacinados en la barriada chabolista de Munsieville, cercana a Johannesburgo, y que fuesen constantemente agredidos por la población negra?

**Homicidios y agresiones a población blanca sudafricana.**
**Periodos comprendidos entre 1996-2007 y 2010-2016**
(Estadísticas proporcionadas por el Servicio de Policía de Sudáfrica y la agencia Reuters)

| Periodo | Número de asesinatos | Número de ataques |
|---|---|---|
| 1996/1997 | 84 | 433 |
| 1997/1998 | 142 | 490 |
| 1998/1999 | 144 | 827 |
| 1999/2000 | 144 | 823 |
| 2000/2001 | 147 | 908 |
| 2001/2002 | 140 | 1 069 |
| 2002/2003 | 103 | 903 |
| 2003/2004 | 88 | 773 |
| 2004/2005 | 82 | 694 |
| 2005/2006 | 88 | 636 |
| 2006/2007 | 86 | 794 |
| 2010/2011 | 80 | 532 |
| 2011/2012 | 56 | 523 |
| 2012/2013 | 59 | 566 |

| 2013/2014 | 57 | 517 |
| 2014/2015 | 60 | 490 |
| 2015/2016 | 49 | 446 |
| 2016/2017 | 74 | 357 |

Ya, ya sé que os da igual que sean 74, 49 o 140 los malvados hombres blancos asesinados. Y es que, siendo sinceros, no todas las vidas os importan. La minoría afrikáner que vive oprimida en Sudáfrica no cuenta con la simpatía y comprensión de los solidarios izquierdistas. Denunciar las muertes y violaciones de la población Boer no entra dentro de sus planes. Es más, la gran mayoría de ellos hasta ve con buenos ojos la Sudáfrica del apartheid a la inversa. Sabed que ese sería el modelo que implantarían en Australia, Europa o América si pudieran.

Los malvados hombres blancos tenemos todo el derecho a sentirnos perseguidos y discriminados debido a nuestra condición étnica. La razón y también los datos objetivos nos avalan. La segregación institucional o las políticas de discriminación positiva que favorecen a las supuestas minorías (*hispanos, negros, árabes…*), son solo un eslabón más de la cadena que oprime a la verdadera minoría blanca. La excesiva protección a determinados grupos raciales, nos permite ver quiénes son los niños mimados del sistema. En Occidente no existen igualdad de condiciones y oportunidades para los malvados hombres blancos. Aún en tiempos de crisis económica, la cual todavía se deja notar con fuerza en los países del Mediterráneo europeo; los sátrapas masónicos que nos tiranizan, han tratado con parcialidad a *"sus ciudadanos"*.

Gobiernos socialistas o de derechas siguen malgastando millones de euros en políticas de igualdad e integración mientras el pueblo languidece tirado entre cartones en las calles. Las estadísticas socioeconómicas así lo indican. No es algo que yo me haya sacado de la manga. Se ha de estar muy ciego para no ver que las desigualdades político/económicas existentes entre los miembros de las otras razas y los malvados hombres blancos, afectan negativamente a este último grupo.

No debéis olvidar que también existe una cultura *solidaria*, que fomenta la dependencia en los individuos extranjeros carentes de ambiciones, mientras el estado niega cualquier tipo de ayuda a la población nativa. No es algo nuevo. La ingeniería social progresista lleva décadas causando estragos. Entiendo la solidaridad en tiempos de bonanza; pero ir regalando comida cuando tienes la nevera vacía, es un suicidio. Las divisiones raciales en Occidente son más profundas que nunca. Los odiadores parecen haberse quitado la careta. Ya no disimulan el desprecio que sienten contra los blancos y contra la cultura blanca. Es por eso que, hemos pasado a sustituir a los negros que tantos privilegios tienen hoy en día, en el papel de víctimas de la discriminación.

El antirracismo racista con el que lleva décadas jugando la izquierda, ha propiciado esta situación. *"Unos han de ganar a costa de los otros"*. Al menos, así lo ven los seguidores de la dictadura global multiculturalista. De no dar un giro completo a la situación que estamos padeciendo, os aseguro que los malvados hombres blancos seremos los perdedores. Los individuos de las otras razas nos ven como un medio transitorio y desechable, que les ayudará a obtener un fin concreto. Ahora que tienen el poder, tanto en Occidente como en los países del Tercer Mundo, ya no quieren ni tampoco buscan la tan cacareada *"igualdad entre razas y pueblos"*. Son más inteligentes de lo que muchos os pensáis.

A efectos prácticos, la igualdad solo se alcanzaría renunciando a las ganancias de una parte (*las otras razas*), para cubrir las pérdidas de la otra (*los malvados hombres blancos*). Ellos sí que saben que las políticas de discriminación positiva practicadas la inversa, las cuales fueron diseñadas en su día para incrementar su representación en Occidente; afectarían negativamente a sus nuevos recursos.

Antes de dar carpetazo a este extenso capítulo, me gustaría hacer una pregunta a todos esos activistas pro multiculturalidad que puedan estar leyendo mi libro en estos momentos. Indistintamente de vuestro credo, raza o ideología:

*¿Creéis que podéis ser racistas anti-blancos sin daros cuenta?*

Pensadlo bien, no os precipitéis al responder. Nadie os está viendo, podéis ser totalmente sinceros. Ni siquiera yo os juzgaré. ¿De acuerdo? Discriminar a alguien por ser de otra raza, no es algo que siempre se haga de manera reflexiva y consciente. En la gran mayoría de ocasiones, el odio que se siente hacia los malvados hombres blancos es irreflexivo e irracional. La asociación de las personas blancas con vocablos y conceptos tales como: opresor, guerra, esclavista o malvado tiene mucho que ver con la machacona propaganda de los medios de desinformación masiva.

No digo nada que no se sepa ya, cuando afirmo que:

*"Las preferencias/antipatías instantáneas de los individuos dependen de la opinión de los gurús mediáticos".*

¿Por qué? Sencillo de responder. Siempre será más fácil el imitar la actitud del poderoso, que el atreverse a pensar por uno mismo. Puede que, sin daros cuenta, os estéis dejando arrastrar por esta ola de odio. Atacar al malvado hombre blanco parece haberse convertido en una peligrosa moda. Tal vez la estéis siguiendo, ¿no creéis?

¿Os habéis atrevido a conocernos realmente? ¿Con cuántos malvados hombres blancos habéis hablado? ¿Tanto daño os hemos hecho para que nos despreciéis así? ¿Acaso habéis sido alguna vez las víctimas de nada? ¿Creéis que el odio, puede vencer al odio? Por eso, la próxima vez que sintáis esa rabia irracional al mirarme a mí o a alguno de mis hermanos de raza, recordad lo siguiente:

*"No soy un malvado hombre blanco.*
*Solo soy un ser humano, como tú".*

# LIBERTAD DE EXPRESIÓN Y CENSURA

Nos habían dicho que la libertad de expresión era un bien indiscutible e intocable. El consenso entra la izquierda y la derecha siempre ha sido general en ese aspecto, ya que ambos parecen estar en contra de cualquier tipo de censura. Lo importante es proteger el derecho de los ciudadanos a expresarse en el espacio público. Todas las ideas y posiciones políticas deben tener los mismos derechos y oportunidades de darse a conocer. La pluralidad en el debate es un síntoma de madurez democrática. Los sentimientos nunca deben imponerse y mucho menos silenciar a los argumentos. Podría seguir repitiendo eslóganes sin fundamento y palabras huecas. Porque, al fin y al cabo, de eso se trata. Palabras, palabras y más palabras.

Por más que traten de negarlo, la censura contra el malvado hombre blanco se ha normalizado. Pocos son los que se molestan en defender nuestro derecho a expresarnos libremente. Políticos de todos los colores, pseudointelectuales progresistas, actores e, incluso, personas normales y corrientes son partícipes de esta censura. Bajo la falsa excusa de estar protegiendo la convivencia en el Occidente multicultural y multirracial, justifican la mordaza que nos han impuesto. Sí, parecen haber alcanzado un consenso general sobre lo inoportuno que es que el malvado hombre blanco, disfrute de su derecho a expresarse libremente.

Existen ciertos sectores que se indignan cuando tomamos la palabra, ya que lo consideran una provocación hacia las minorías. Exigen su legítimo derecho a no sentirse ofendidos y abusan del poder que les otorga el jugar la carta del victimismo racial, para cometer todo tipo de desmanes y abusos liberticidas en contra de nuestra gente. Los mal llamados *"grupos minoritarios"* son los principales instigadores de esta censura colectiva, la cual mantiene postergados y marginados a los malvados hombres blancos; pues las reglas del juego multicultural no les permiten el derecho a réplica.

Esta persecución contra el malvado hombre blanco se hace notar, con especial intensidad, en países como Suecia, España, Alemania o Francia. El atropello a las libertades y la deriva autoritaria de sus gobiernos ha terminado por convertir a dichos países *"democráticos"* en inmensos y luminosos gulags occidentalizados. Amparándose en leyes y artículos constitucionales torticeros, los jueces y los políticos tienen carta blanca para ordenar el encarcelamiento de los disidentes.

En el caso de la justicia española, la libre interpretación del **Artículo 510 del Código Penal** los ampara a la hora de cometer todo tipo de fechorías liberticidas.

## CAPITULO IV

*De los delitos relativos al ejercicio de los derechos fundamentales y libertades públicas y al deber de cumplimiento de la prestación social sustitutoria.*

## SECCIÓN 1ª DE LOS DELITOS COMETIDOS CON OCASIÓN DEL EJERCICIO DE DERECHOS FUNDAMENTALES Y DE LAS LIBERTADES PÚBLICAS POR LA CONSTITUCIÓN.

**Artículo 510 Código Penal español:**

1. *Los que provocaren a la discriminación, al odio o a la violencia contra grupos o asociaciones, por motivos racistas, antisemitas*

*u otros referentes a la ideología, religión o creencias, situación familiar, la pertenencia de sus miembros a una etnia o raza, su origen nacional, su sexo, orientación sexual, enfermedad o minusvalía, serán castigados con la pena de prisión de uno a tres años y multa de seis a doce meses.*

2. *Serán castigados con la misma pena los que, con conocimiento de su falsedad o temerario desprecio hacia la verdad, difundieren informaciones injuriosas sobre grupos o asociaciones en relación a su ideología, religión o creencias, la pertenencia de sus miembros a una etnia o raza, su origen nacional, su sexo, orientación sexual, enfermedad o minusvalía.*

**Actualizado con la reforma de la LO 1/2015:**

## DELITOS DE ODIO Y DISCRIMINACIÓN

**Artículo 510.**

1. *Serán castigados con una pena de prisión de uno a cuatro años y multa de seis a doce meses:*

a) *Quienes públicamente fomenten, promuevan o inciten directa o indirectamente al odio, hostilidad, discriminación o violencia contra un grupo, una parte del mismo o contra una persona determinada por razón de su pertenencia a aquel, por motivos racistas, antisemitas u otros referentes a la ideología, religión o creencias, situación familiar, la pertenencia de sus miembros a una etnia, raza o nación, su origen nacional, su sexo, orientación o identidad sexual, por razones de género, enfermedad o discapacidad.*

b) *Quienes produzcan, elaboren, posean con la finalidad de distribuir, faciliten a terceras personas el acceso, distribuyan, difundan o vendan escritos o cualquier otra clase de material o soportes que por su contenido sean idóneos para fomentar, promover, o incitar directa o indirectamente al odio, hostilidad, discriminación o violencia contra un grupo, una parte del mismo, o contra una persona determinada por razón de su pertenencia a aquél, por motivos racistas, antisemitas u otros referentes a la ideología, religión o creencias, situación familiar, la pertenencia de sus miembros a una etnia, raza o nación, su origen nacional, su sexo, orientación o identidad sexual, por razones de género, enfermedad o discapacidad.*

c) *Públicamente nieguen, trivialicen gravemente o enaltezcan los delitos de genocidio, de lesa humanidad o contra las personas y bienes protegidos en caso de conflicto armado, o enaltezcan a sus autores, cuando se hubieran cometido contra un grupo o una parte del mismo, o contra una persona determinada por razón de su pertenencia al mismo, por motivos racistas, antisemitas u otros referentes a la ideología, religión o creencias, la situación familiar o la pertenencia de sus miembros a una etnia, raza o nación, su origen nacional, su sexo, orientación o identidad sexual, por razones de género, enfermedad o discapacidad, cuando de este modo se promueva o favorezca un clima de violencia, hostilidad, odio o discriminación contra los mismos.*

*2. Serán castigados con la pena de prisión de seis meses a dos años y multa de seis a doce meses:*

   a) *Quienes lesionen la dignidad de las personas mediante acciones que entrañen humillación, menosprecio o descrédito de alguno de los grupos a que se refiere el apartado anterior, o de una parte de los mismos, o de cualquier persona determinada por razón de su pertenencia a ellos por motivos racistas, antisemitas u otros referentes a la ideología, religión o creencias, situación familiar, la pertenencia de sus miembros a una etnia, raza o nación, su origen nacional, su sexo, orientación o identidad sexual, por razones de género, enfermedad o discapacidad, o produzcan, elaboren, posean con la finalidad de distribuir, faciliten a terceras personas el acceso, distribuyan, difundan o vendan escritos o cualquier otra clase de material o soportes que por su contenido sean idóneos para lesionar la dignidad de las personas por representar una grave humillación, menosprecio o descrédito de alguno de los grupos mencionados, de una parte de ellos, o de cualquier persona determinada por razón de su pertenencia a los mismos.*

   b) *Quienes enaltezcan o justifiquen por cualquier medio de expresión pública o de difusión los delitos que hubieran sido cometidos contra un grupo, una parte del mismo, o contra una persona determinada por razón de su pertenencia a aquél por motivos racistas, antisemitas u otros referentes a la ideología, religión o creencias, situación familiar, la pertenencia de sus miembros a una etnia, raza o nación, su origen nacional, su sexo, orientación o identidad sexual, por razones de género, enfermedad o discapacidad, o a quienes hayan participado en su ejecución.*

*Los hechos serán castigados con una pena de uno a cuatro años de prisión y multa de seis a doce meses cuando de ese modo se promueva o favorezca un clima de violencia, hostilidad, odio o discriminación contra los mencionados grupos.*

*3. Las penas previstas en los apartados anteriores se impondrán en su mitad superior cuando los hechos se hubieran llevado a cabo a través de un medio de comunicación social, por medio de internet o mediante el uso de tecnologías de la información, de modo que, aquel se hiciera accesible a un elevado número de personas.*

*4. Cuando los hechos, a la vista de sus circunstancias, resulten idóneos para alterar la paz pública o crear un grave sentimiento de inseguridad o temor entre los integrantes del grupo, se impondrá la pena en su mitad superior, que podrá elevarse hasta la superior en grado.*

*5. En todos los casos, se impondrá además la pena de inhabilitación especial para profesión u oficio educativos, en el ámbito docente, deportivo y de tiempo libre, por un tiempo superior entre tres y diez años al de la duración de la pena de privación de libertad impuesta en su caso en la sentencia, atendiendo proporcionalmente a la gravedad del delito, el número de los cometidos y a las circunstancias que concurran en el delincuente.*

*6. El juez o tribunal acordará la destrucción, borrado o inutilización de los libros, archivos, documentos, artículos y cualquier clase de soporte objeto del delito a que se refieren los apartados anteriores o por medio de los cuales se hubiera cometido. Cuando el delito se hubiera cometido a través de tecnologías de la información y la comunicación, se acordará la retirada de los contenidos.*

*En los casos en los que, a través de un portal de acceso a internet o servicio de la sociedad de la información, se difundan exclusiva o preponderantemente los contenidos a que se refiere el apartado anterior, se ordenará el bloqueo del acceso o la interrupción de la prestación del mismo.*

## Artículo 510 bis.

*Cuando de acuerdo con lo establecido en el artículo 31 bis una persona jurídica sea responsable de los delitos comprendidos en los dos artículos anteriores, se le impondrá la pena de multa de dos a cinco años. Atendidas las reglas establecidas en el artículo 66 bis, los jueces y tribunales podrán asimismo imponer las penas recogidas en las letras b) a g) del apartado 7 del artículo 33.*

*En este caso será igualmente aplicable lo dispuesto en el número 3 del artículo 510 del Código Penal.*

***

El **Artículo 510 del Código Penal**, tanto la versión antigua como la actualizada, supone un atropello a las libertades de los españoles. La interpretación a la carta que puedan hacer de él quienes tienen el poder de juzgar, nos escora peligrosamente hacia un sistema totalitario. Es decir: "*el doble juicio de valor*" que pueda dársele al 510 hace que nuestra justicia sea menos justa, sobre todo si se utiliza para reprimir a los malvados hombres blancos.

De eso trata todo esto: de represaliar a los enemigos políticos, de clase o de raza. Contra el disidente mano dura. Indistintamente de la profesión o el "*delito*" de las personas que citaré a continuación, sus historias dan fe del clima de censura y persecución que existe contra el malvado hombre blanco en Occidente:

- **Alex Jones:** *Fundador de "InfoWars". Facebook, YouTube, Apple y Spotify han censurado todas sus cuentas por supuesto "discurso del odio".*

- **Chelsea Lambie y Douglas Cruikshank**: *Condenados por un tribunal de Edimburgo a 12 y 9 meses de prisión por lanzar beicon contra varias mezquitas de la ciudad.*

- **Christian Worch:** *Condenado en 1980 y 1994 por su militancia política en el movimiento patriota alemán.*

- **Denis G:** *Cantante y líder de la banda RAC rusa Kolovrat. Detenido por criticar a la Unión Soviética y al Ejército Rojo.*

- **David Irving:** *Historiador británico. Detenido en 2005 en Austria, en base a una orden de captura (emitida en 1989) de un tribunal de Viena, bajo el cargo de "apología del nazismo". En 2006 fue condenado a 3 años de prisión por "negacionismo" y por "falseamiento de la historia".*

- **Ernst Zündel:** *Editor canadiense de origen alemán. En 2003 fue detenido por la policía de los EEUU y deportado a Canadá al ser considerado "una amenaza para la seguridad nacional". Terminó siendo deportado a Alemania y juzgado en la Corte de Mannhein por los cargos de "incitación al odio racial y negación del Holocausto". En 2007 fue sentenciado a 5 años de prisión.*

- **Gerd Honsik:** *Escritor austriaco. Condenado a 18 meses de prisión en 1992 y 5 años en 2007 por denunciar "la mentira histórica judía".*

- **Germar Rudolf:** *Licenciado en química. En 2006 fue procesado por publicar su "Informe Rudolf", un estudio químico que trataba sobre la formación y detección de compuestos cianhídricos en las cámaras de gas de Auschwitz. Se le acusó de "difamación de la memoria de los muertos". Los Estados Unidos denegaron todas sus solicitudes de asilo político y fue deportado a Alemania para ser procesado.*

- **Gottfried Küssel:** *Escritor y militante patriota. Condenado en 2013 a 9 años de prisión por un tribunal de Viena por hacer "propaganda Nacional Socialista".*

- **Heath y Deborah Campbell:** *Las autoridades del Estado de Nueva Jersey les retiraron la custodia de sus 3 hijos por ser "Nacional Socialistas".*

- **Horst Mahler:** *Exabogado de extrema izquierda de 81 años. Condenado a 10 años de cárcel en 2009 por "Negacionismo".*

- **Jose Carlos Camelo da Costa:** Última actualización. Desde Enero de 2025, el autor de esta misma obra está inmerso en un proceso judicial por Crímenes de Odio. Sus libros Rahowa (Guerra y Caos), Diario de un condenado (Lobos enjaulados) y Racismo, inmigración y refugiados (la gran conspiración antieuropea) lo han puesto en la picota. Los denunciantes han sido SOS Racismo y la Fiscalía del Estado.

- **Kevin Crehan:** *12 meses de cárcel por colocar unas tiras de beicon en la puerta de una mezquita de Bristol. Fue asesinado en prisión mientras estaba bajo custodia policial.*

- **Nikolaos Michaloliakos:** *Líder del partido griego Amanecer Dorado. Condenado en 2013 por denunciar públicamente la violencia inmigrante.*

- **Michael Wolfe:** *Condenado a 15 años de prisión por dejar una loncha de beicon ante una mezquita (Florida).*

- **Pastor Terry Jones:** *Detenido en los EEUU por decir que "quemaría miles de Coranes".*

- **Pedro Varela Geiss:** *Propietario de Librería Europa y Ediciones Ojeda. Ha sido detenido y condenado por sus "ideas peligrosas" en 1992, 1998, 2006, 2010, 2016 y 2018.*

- **Richard Bertrand Spencer:** *Periodista y militante de la Alt-Right estadounidense. En 2017 fue agredido en plena calle durante una entrevista por un antifascista encapuchado.*

- **Robert Faurisson Aitken:** *Escritor revisionista. Condenado por cuestionar ciertas versiones canónicas del Holocausto.*

- **Sylvia Stolz:** *Abogada alemana condenada a 20 meses de prisión, por denunciar la persecución de los historiadores críticos con el sistema.*

- **Tommy Robinson (Stephen Christopher Lennon):** *Patriota británico, periodista y cofundador de la Liga Inglesa de Defensa (EDL). Fue detenido el 25 de mayo de 2018 en Leeds, por informar sobre un juicio a musulmanes violadores de niños (todos ellos pakistaníes).*

- **Ursula Haverbeck:** *Escritora alemana y activista política. En 2015 la policía destrozó su casa durante un registro. En 2018 se le condenó a 2 años de prisión, pese a tener 89 años, por "apología del nazismo".*

- **Vincent Reynouard:** *Profesor de matemáticas encarcelado en Francia por sus escritos sobre la Segunda Guerra Mundial, gracias a la represiva "Ley Gayssot".*

El fantasma de la censura, el fantasma del lenguaje políticamente correcto, el fantasma de la inquisición progre, en definitiva: el fantasma anti-blanco, orbita a nuestro alrededor las veinticuatro horas del día. Empujados por la *"corrección"* y el miedo al *"qué pensarán de nosotros"*, los malvados hombres blancos ya no podemos llamar a las cosas por su nombre. Tenemos que andar y hablar con pies de plomo, como si camináramos por un terreno repleto de minas preparadas para ofenderse. No podemos decir que un negro es *"negro"*, sino que es *"gente de color"*. De no hacerlo, seremos etiquetados enseguida de racistas xenófobos. Y, claro, ya sabéis lo que eso conlleva.

Siguiendo esa misma línea coercitiva, tampoco se nos puede ocurrir el hacer referencia explícita al género de nuestro interlocutor. No utilizar lenguaje inclusivo, como decir pavadas tales como: *"bienvenidXs a todXs"*; puede ocasionarnos serios problemas. En esta Europa progre y moderna ya no existen las *"personas discapacitadas"*, sino que son *"gente con diversidad funcional"*. Los *"inmigrantes"* ahora son *"refugiados"* y los *"yihadistas"* son *"personas con problemas mentales"*. De igual modo, debemos ser políticamente correctos a la hora de hablar de ciertos sucesos históricos. Os voy a dar un consejo que seguro que os ayudará:

*"No todo puede ser cuestionado o criticado"*.

Existen verdades universales que, pese a su flagrante falsedad, no pueden ser desmentidas públicamente. Los dogmas de fe progre son dogmas por algo. Intentar dar una opinión que se salga de la norma, es el primer paso para convertirte en objetivo del sistema. El mensaje multiculturalista es la palabra divina que se utiliza para juzgar a la ciudadanía. Las teorías internacionalistas son las que marcan los límites de los estándares a seguir. La fidelidad a su manifiesto ha de ser total y sin fisuras. Los jueces son los encargados de sancionar las opiniones incómodas, de modo que el empobrecimiento del debate en nuestra sociedad es gravísimo. Quienes rehúyan el aceptar todos sus excelsos clichés progresistas, quienes pretendan investigar por su cuenta o simplemente tengan otra visión del mundo y de la organización de las sociedades; serán forzados a dejar su país.

Occidente está devorando a sus propios hijos. Ante nosotros se está perfilando la regresión de los derechos del malvado hombre blanco, la cual está perfectamente orquestada desde el poder, para traer cuanto antes la oscura dictadura del Nuevo Orden Mundial. Muchos contemplan impertérritos la situación. Ni pestañean al ver cómo se va instalando, sin ningún tipo de oposición, este estado de excepción permanente. No alzan la voz para criticar a este corrupto sistema y a sus mecanismos represivos. No parece preocuparles el creciente recorte de libertades en Occidente, auspiciado y financiado por la masonería. Piensan que por quedarse callados, serán premiados por su deslealtad. No imaginan cuán equivocados están.

Nuestros jóvenes son uno de los sectores más afectados por la represión. El imperio de la ley progresista los ha educado, para que vivan encerrados en sí mismos. Han limitado tanto su libertad de expresión, censurando su derecho a que sean ellos mismos, criticado el que tengan expectativas diferentes; que ya no saben cómo poder ser individuos autónomos.

Los malvados hombres blancos que pueblan Occidente deberían ser conscientes, por su propio bien, de que este problema nos afecta a todos por igual. Si quieren un mañana mejor y más seguro para sus hijos, o para ellos, deberían mostrarse predispuestos a organizarse. Incluso cuando las diferencias ideológicas entre posibles aliados sean notables, lo que ha de importar y prevalecer es el bien mayor. Enfrascarse en discusiones bizantinas sobre si son galgos o podencos, no detendrá la maquinaria represiva del sistema. Si queremos resistir, debemos hacerlo envueltos en la bandera de nuestra identidad racial.

El malvado hombre blanco está obligado a manifestarse, a visibilizar sus espacios sociales y políticos fuera del cerco impuesto por el propio estado. Debemos atrevernos a debatir sin miedo, sobre las cuestiones que nos afectan directamente. Nuestras historias, culturas y lenguas no han de ser relegadas a un segundo plano. La represión selectiva que sufrimos ha de acabarse, tenemos tanto derecho a hablar y a existir como las supuestas *"minorías mayoritarias"*. Las respuestas colectivas de quienes nos consideramos disidentes, no pueden quedar inactivas. La solidaridad étnica con los hermanos blancos que sufren, fortalecerá *"la Insurgencia"* que entre todos estemos creando. La criminalización de la disidencia no debe amilanarnos. La lucha contra quienes nos quieren ver desaparecer, ha de seguir su curso. Los continuos atentados contra la libertad de expresión de los malvados hombres blancos, no deben quedar impunes.

No existe separación de poderes en Occidente, es una simple ficción. No confiéis en la Justicia o en las Fuerzas del Orden, pues es conocida por todos su falta de independencia y objetividad. Es más, si acudes a quejarte siguiendo los mecanismos y trámites oficiales con toda probabilidad terminarás entre rejas. Por todos es sabido que:

*"El enaltecimiento del Poder Blanco se castiga, mientras que el enaltecimiento del Poder Negro se premia"*.

De igual modo, se reprime más a los blancos que a las otras razas. Por eso debemos acabar con el modelo de sociedad dormida que ha creado el estado, para que ésta no haga ruido ni se manifieste. Somos nosotros quienes debemos velar por el respeto a nuestros derechos, para que así no sean vulnerados. Es nuestra responsabilidad el denunciar la criminalización racista que se hace del malvado hombre blanco, para acabar con los tópicos xenófobos que tanta violencia generan. Debemos movilizarnos contra las medidas que consideremos injustas, si estas nos hacen menos libres. En definitiva, no podemos quedarnos parados.

El exilio no es una opción factible para el malvado hombre blanco; pues ni en Suecia, Austria, Francia, España, Reino Unido, EEUU o Bélgica nos encontraremos a salvo. Occidente está en guerra contra sí mismo, contra lo que representa y contra sus hijos. Luchad por vuestra tierra, por vuestra familia, por vuestra raza, por vuestra libertad. Quedaros allá dónde estéis y plantad cara al opresor.

# WHITE LIVES MATTER

(Las Vidas Blancas Importan)

# INDICE

# AGRADECIMIENTOS

A mi compañera de vida, mi hijo, mi hermana, mi padre (Q.E.P.D), abuelos, primos, tíos, amigos, camaradas... Cuántas historias, datos aburridos y demás "cosas políticas" os habéis "tragado" con gesto amable, solo porque a mí me hacía feliz el contároslas. Si he llegado hasta aquí, autopublicando más de catorce libros y vendiendo miles de copias de todos ellos, es porque nunca me arrebatasteis la ilusión por escribir. Siempre os estaré eternamente agradecido.

# OTRAS OBRAS DEL AUTOR

## EL ODIO DE LOS BUENOS

Armando es uno de tantos jóvenes españoles insatisfechos y resentidos con un sistema democrático que les prometió tanto, pero que luego ha terminado arrebatándoles casi todo. Harto de malvivir con gente que lo rechaza por sus ideas y a la que tampoco llega a comprender; termina buscando una salida en la política, el fútbol y sobre todo en las peleas callejeras. Y cuanto más se va apartando de esa sociedad progresista y multicultural a la que tanto desprecia, se irá dando cuenta de que España no es país para españoles.

# PATRIOTISMO O BARBARIE

## (Nacional Revolucionarios del siglo XXI)

¿Qué significa, a día de hoy, ser patriota? Casi nadie sabe, realmente, qué se oculta detrás de la definición de patriota. Los patriotas somos una especie en extinción, una rara avis, seres cuasi mitológicos de los que solo se conoce de su existencia por antiguos y polvorientos legajos que son despreciados por el hombre moderno. De ahí la importancia de preservar, defender y avivar la diminuta y casi extinta llama nacionalista que, se supone, anida en los escasos corazones europeos que todavía no han caído cautivos de la desinformación.

# AENIGMA IUDAICUM

## (De Mesopotamia a la Tierra Prometida)

A lo largo de la historia, ríos de tinta han corrido respecto a la cuestión judía. Son numerosos sus detractores, pero también sus defensores. Cuando se toca la cuestión judía no hay lugar para medias tintas o para plumas pusilánimes: o los amas o los desprecias. Nunca nadie había conseguido generar tal cantidad de sentimientos encontrados: «Incluso en sus mayores defectos, el judío puede ocultar alguna de sus mayores virtudes».

Al evaluar la actuación de la problemática judía a lo largo de la historia, se puede observar cómo esta abarca diferentes conceptos: políticos, sociales, económicos, religiosos e históricos. Por ello, la cuestión judía debe ser considerada desde una perspectiva histórica, sociológica y teológica; ya que, en la actualidad, todavía surgen dudas acerca de quién o qué es ser judío.

## LA VERDAD INCÓMODA

La verdad natural de las cosas es la principal enemiga del ser humano. Siempre han existido un tipo específico de hombres y mujeres a los que la certeza les resulta cuanto menos incómoda. En la era del engaño, el más falso y tramposo termina gobernando sobre el resto. La verdad oficial, al gusto del consumidor, siempre se podrá prefabricar. Los censores del pensamiento saben que, cuando se libren del último pensador políticamente incorrecto, habrán terminado de ganarle la partida a la verdad. Nos jugamos mucho como para claudicar sin dar pelea. La inacción o el silencio cómplice no nos favorecen.

EL PODER DE LA SANGRE: EL DESPERTAR

«En un mundo desolado por el caos y la destrucción, por guerras inmensurables, con una sociedad decrépita y unos dirigentes corruptos; un solitario cazador es llamado a ser el adalid de una nueva era. Una aventura épica repleta de batallas y magia, en la que se confunden el bien y el mal y el orden impuesto se ve trastocado por la afilada hacha de Kerron, el Cazador, y la búsqueda de su propio destino».

## EL PODER DE LA SANGRE: RESURRECCIÓN

«El Día de la Resurrección ha llegado. Los no muertos arrasan el territorio de Uldarsteir, al norte de Keltnar, guiados por el macabro Profeta de Nolt. La plaga creada por Zeildoux no conoce el miedo ni el cansancio. Sin alma ni conciencia; los resucitados se lanzan al combate, desatando la carnicería. En el sur, la situación no es mucho mejor. La guerra asola campos y ciudades sin hacer distinción. Las tropas imperiales del Dras avanzan, sin oposición, hacia el valle de Helbon. El acero tuarnak riega las tierras conquistadas con la sangre alba de los caídos en combate. Batallas tras batalla, los ejércitos de Cronfort caen derrotados en una lucha sin cuartel; en la que el perdedor será exterminado.

Mientras tanto, Gorben y Kerron continúan sus vivencias por separado; sin saber que el destino los conduce hacia un mismo lugar».

## EL PODER DE LA SANGRE: LA PURGA

Una vida ha de extinguirse para que otra renazca en su lugar. Las llamas devoran los campos y ciudades de Aryn, llevándose por delante a quienes rechazan las leyes más elementales de la madre Bjanar. La purga ha comenzado y los cobardes no tienen lugar en el que poder esconderse. Viejos y nuevos odios son avivados por los intereses de unos pocos. Kerron cree haber enterrado su convulso pasado en lo más profundo de su desgajado corazón, junto con los cadáveres que ha ido dejando a su paso. Como señor de Morderviev, gobierna las norteñas Tierras Inmaculadas en el nombre del Profeta de Nolt. En el centro del tablero de juego, los habitantes de las verdes llanuras de Helbon sufren la opresión del Eterno Azul y de su rey títere. En compañía de Illium y Agdius, Gorben ha comenzado su peregrinar hacia el Este. En el Sur, el Imperio Tuarnak ha echado raíces en el continente de Aryn. Y mientras tanto, una fuerza imparable avanza desde el lejano Oeste.

PENSAMIENTO HEREJE

¿Qué significa «Pensamiento Hereje»? Es muy sencillo: pensamiento hereje es tratar de alcanzar la verdad, pensamiento hereje es cuestionarse los dogmas sociales que nos quieren imponer, pensamiento hereje significa hablar claro sin temor a represalias; en definitiva, pensamiento hereje es ser «políticamente incorrectos».

## LOBOS ENJAULADOS

(Diario de un Condenado I)

En los Estados Unidos de América del siglo XXI, los blancos hemos pasado a ser los nuevos negros. Lo más indignante es que, a los Señores X como yo, nos obligan a conformarnos con las sobras que nos lanzan. Ni siquiera nos permiten defender lo poco que tenemos.

Por desgracia, formo parte de esos millones de «White Trash» a los que nuestro gobierno pone en el último lugar a la hora de acceder a los puestos de la administración o recibir la limosna pública. «Basura Blanca», nos llaman. Os imagináis la que se formaría en las calles, si en las noticias se refirieran a los afroamericanos como: «basura negra». Estad tranquilos, eso nunca pasará; no se atreverían a hacerlo.

No me llamo «Señor X», mi nombre real es Jos August Calú y ésta es mi historia.

## TIERRA DE BANDAS

(Diario de un Condenado II)

Tú, sí, tú. Claro que te estoy hablando a ti, joder. ¿Ves acaso a otra persona leyendo este libro? Espabila chaval, no es tiempo de dormirse en los laureles. Como supongo que serás blanco, te diré un par de cosas. La primera. Estamos inmersos en una Guerra Racial y la vamos perdiendo. La segunda. Todavía estás a tiempo de lograr que las cosas cambien. Deja de ser un panoli, abandona tu posición de eterna víctima del sistema y defiéndete con uñas y dientes. Cuando tengas dudas, recuerda que tú eres de los buenos, que tú eres de los blancos.

¿Quién soy yo para decirte todo esto? Me presentaré. Por si todavía no lo sabes, mi nombre es Jos August Calú y ésta es la continuación de mi historia.

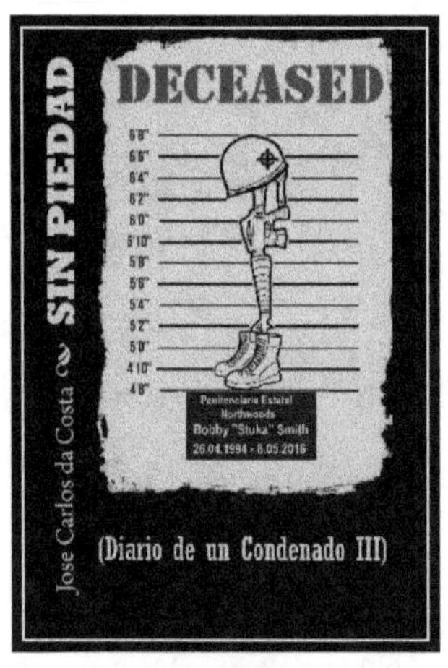


## SIN PIEDAD

(Diario de un Condenado III)

Lo prometido es deuda. Son demasiadas las horas que hemos invertido juntos, como para que ahora os deje sin conocer el final de mi historia. Os anticipo que no habrá un final feliz, cuando se cierre por completo la trilogía de mi vida. El arcoíris no suele salir para la gente como yo. Tal vez, para los judíos sí, pero no para los malvados hombres blancos.

De todas formas, yo sé quién soy y eso es lo que cuenta. Mi nombre es y siempre será Jos August Calú, y éste es el final de mi historia. Éste y no otro. Recordadlo.

## RACISMO, INMIGRACIÓN Y REFUGIADOS

(La gran conspiración antieuropea)

El fin de Europa se encuentra mucho más próximo de lo que algunos piensan. La vida en ciertas naciones europeas se está volviendo insoportable para los nativos. La profunda división social, religiosa y racial existente ha traído la guerra a las calles.

La soberanía nacional, la integridad territorial, la independencia económica del país y la defensa de su sangre, cultura y tradición; son temas sobre los que ya no se discute. Los enemigos de Europa han tardado centurias en arruinar el legado de nuestros antepasados, pero llegó el hombre moderno y con él cambió todo. Han bastado unas pocas décadas, de los siglos XX y XXI, para que su trabajo se haya visto culminado.

El borrado de la memoria colectiva de los pueblos, hace que Europa sea solo eso: un simple nombre, un trozo de tierra repleto de gente que no siente ningún apego por ella.

## ¿POR QUÉ ALGUNOS ESPAÑOLES ODIAN A ESPAÑA?

Algunos españoles son incapaces de ligar su propia existencia a la de España. Por lo general, el autoodio que sienten les impide soportar la carga étnico-histórica de haber nacido en, lo que para ellos es: «un infierno terrenal». Anhelan con ansiedad ser extranjeros, buscan expiar históricos pecados no cometidos, atacan con saña a la mayoría a la que pertenecen. ¿Cómo podemos explicar tan aberrante forma de actuar? ¿A qué podemos atribuirlo? ¿Quién está detrás de este lavado cerebral colectivo? ¿Beneficia a alguien dicha espiral endofoba? ¿Podrán curarse algún día los enfermos de anti españolismo? En este libro trataré de dar respuesta a estas y otras preguntas.

RAHOWA (Guerra y Caos)

Tras el amanecer del segundo día, los supervivientes del Largo Invierno Atómico fueron ganándose su espacio vital en un caótico e inhóspito mundo. ¿Cómo lo hicieron? Batallando.

El horror antecede y precede al paso de las Compañías de mercenarios del Nuevo Mundo. Fuego, acero, furia, caos y muerte son los presentes que estas aves de mal agüero llevan bajo el ala. Algunos de ellos pelean por el oro, otros por el honor y unos pocos lo hacen para evitar la desaparición de su raza.

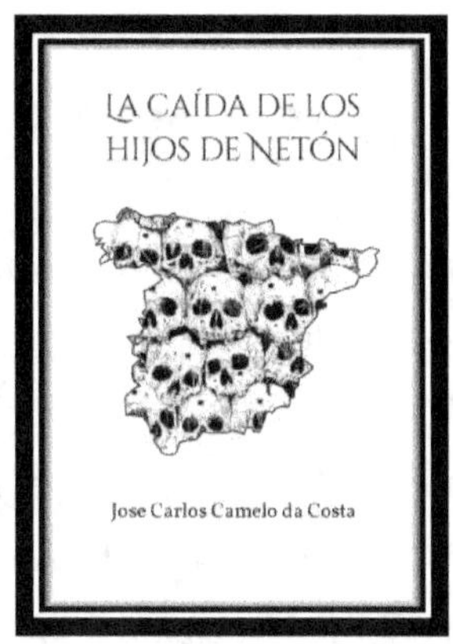

## LA CAÍDA DE LOS HIJOS DE NETÓN

Las intrigas, rencillas, envidias y traiciones de la casta política española facilitaron la entrada del enemigo en la Península Ibérica. Aquellas oscuras gentes, venidas de los más recónditos lugares de Oriente Medio y el Magreb, cruzaron un Mediterráneo en calma; sin toparse con la más mínima oposición. Los abrasadores vientos africanos del simún barrieron con fuerza y crueldad la ajada piel de toro; de Norte a Sur y de Este a Oeste. Los españoles cayeron por millones durante el primer año de la invasión. Las bombas, la radiación, las epidemias y las continuas razias de los invasores causaron, en poco tiempo, una catástrofe demográfica nunca vista en la historia de la humanidad. Los pocos nativos peninsulares que lograron escapar de aquel cruel genocidio, no tardaron en envidiar el destino de los caídos. Miedo, hambre y esclavitud; tanto para ellos como para sus hijos.

Cuatro años después, con la tierra envenenada y congelada; sobrevivir se ha vuelto aún más difícil. Invasores extranjeros y refugiados españoles vagan, sin rumbo fijo, por los yermos campos; atrapados en una terrorífica y gélida pesadilla de la que no pueden despertarse.

Apreciado lector:

Estas puede que sean mis últimas palabras, pues la censura oficialista acecha en cada esquina. Por eso, te ruego que prestes total atención a ellas. Una vez leída esta obra, mi deber como autor es preguntarte lo siguiente:

**¿Todavía sigues pensando que los malvados hombres blancos somos culpables de todo?**

Recuerda, está en tu mano el extender la verdad que te ha sido mostrada. Tú eliges.

Atentamente:

J. Carlos Camelo da Costa
Escritor Disidente
Gulag de España